Claudia Kemfert

DAS FOSSILE IMPERIUM SCHLÄGT ZURÜCK

Claudia Kemfert

DAS FOSSILE IMPERIUM SCHLÄGT ZURÜCK

Warum wir die Energiewende jetzt verteidigen müssen

Bibliografische Information der Deutschen Nationalbibliothek
Die Deutsche Nationalbibliothek verzeichnet diese Publikation in
der Deutschen Nationalbibliografie; detaillierte bibliografische
Daten sind im Internet über http://dnb.d-nb.de abrufbar.

Druck und Bindung: BoD
Printed in Germany

ISBN 978-3-86774-566-6

Besuchen Sie uns im Internet: www.murmann-publishers.de
Ihre Meinung zu diesem Buch interessiert uns!
Zuschriften bitte an info@murmann-publishers.de
Den Newsletter des Murmann Verlages können Sie anfordern unter
newsletter@murmann-publishers.de

Aufklärung ist der Ausgang des Menschen aus seiner selbst verschuldeten Unmündigkeit. (…) Sapere aude! Habe Mut, dich deines eigenen Verstandes zu bedienen!

Immanuel Kant

Wer einen Fehler begangen hat und ihn nicht korrigiert, begeht einen weiteren Fehler.

Konfuzius

Es ist nicht wenig Zeit, die wir haben, sondern es ist viel Zeit, die wir nicht nutzen.

Lucius Annaeus Seneca

INHALTSVERZEICHNIS

I. BESTANDSAUFNAHME: KRIEG DER ENERGIEWELTEN

II. FAKTENCHECK:
DIE ENERGIEWELT JENSEITS DES POSTFAKTISCHEN

III. AUFFORDERUNG ZUM HANDELN: WARUM WIR DIE ENERGIEWENDE JETZT VERTEIDIGEN MÜSSEN

IV. HANDLUNGSKATALOG: WAS JETZT ZU TUN IST

Handlungskataloge für ...

I. BESTANDSAUFNAHME: KRIEG DER ENERGIEWELTEN

FOSSILE ENERGIE-KEHRTWENDE

Die Welt ist eine andere geworden. Kriege und Konflikte finden nicht mehr in weiter Ferne statt. Der Terror ist nach Europa vorgedrungen, nach Istanbul, Nizza, Paris, Brüssel und Berlin. Der neue Präsident der Vereinigten Staaten von Amerika benimmt sich wie die Axt im Walde: Donald Trump und seine Berater toben, wüten, beleidigen und sind selbst beleidigt. Es wird behauptet und getönt. Es wird geschimpft und gelogen. Statt einer sachlichen politischen Debatte gibt es haufenweise Sprüche, Schlagworte und Parolen. Wissenschaftliche Wahrheiten werden geleugnet und durch absurde Thesen ersetzt. Zum Beispiel solche: Der Klimawandel sei bloß eine perfide PR-Erfindung habgieriger Chinesen, um die amerikanische Wirtschaft zu untergraben.

Seit Trump im Amt ist, regiert die fossile Energieindustrie die USA: Ein Anwalt der Öl- und Kohleindustrie leitet die US-Umweltbehörde. Der Energieminister leugnet den Klimawandel. Der Außenminister leitete einst einen Ölkonzern. Und auch der Innenminister sympathisiert mit der Gas-, Kohle- und Ölindustrie. Folgerichtig gibt es seit Trumps Amtsantritt im Januar 2017 auf der Website des Weißen Hauses keinen einzigen Treffer mehr zum Suchbegriff »climate change«. Stattdessen wird Trumps »America First Energy Plan« angekündigt: Schluss mit dem »Climate Action Plan« seines Vorgängers, Schluss mit den unnötigen Investitionen in erneuerbare Energien, den Hürden fürs Fracking und den Verboten, in der Arktis zu bohren. Ein Comeback für Öl, Gas und Kohle!

Doch nicht nur in den USA, auch im Rest der Welt gibt es ein dramatisches Comeback fossiler Energien: Ein ehemaliger

Energiekonzernchef leitet das EU-Ministerium für Energie und Wirtschaft. Der europäische Emissionshandel wird bis zur völligen Wirkungslosigkeit reformiert. In Spanien sind die einst garantierten Förderungen für erneuerbare Energien rückwirkend gestoppt.

Selbst in Deutschland, dem Klimapionier, sind die fossilen Energien wieder auf dem Vormarsch. Ausgerechnet die Erfinder der Energiewende blockieren in Brüssel Emissionsgrenzwerte, novellieren das deutsche Erneuerbare-Energien-Gesetz zu Tode und beenden mal eben die Bürgerenergiewende.

Unternehmen sind verunsichert. Umweltschützer sind fassungslos. Wissenschaftler sind verzweifelt. Sie alle stehen vor derselben Frage: Wie konnte das passieren? Wieso werden die fossilen Energien nach wie vor in deutlich höherem Maße gefördert als die erneuerbaren Energien? Obwohl die Mehrheit der Bürger es anders will. Obwohl auf weltweiten Klimakonferenzen ganz andere Ziele beschlossen werden. Wieso verabschieden Politiker Gesetze, die das gesamte Vorhaben der Energiewende konterkarieren? Verspielt Deutschland seine Energiezukunft?

Fakt ist: Die Lobbyisten arbeiten derzeit auf Hochtouren. Immer erbitterter kämpfen die Vertreter der alten Energiewelt gegen die Welt der erneuerbaren Energien. Mit allen Mitteln versucht man das Offensichtliche zu vertuschen: Die alten Energiekonzerne haben keine zukunftsfähigen Geschäftsmodelle. Man sträubt sich, handfeste Realitäten anzuerkennen: Die Vorräte an fossilen Energien sind nicht unbegrenzt, die Verbrennung verursacht einen irreversiblen Klimawandel. Man bestreitet Tatsachen: Erneuerbare Energien sind billiger als herkömmliche Energien. Man leugnet alle Erfolge: Die erneuerbaren Energien wachsen schneller als erwartet. Man weist offensichtliche Wahrheiten von sich: Erneuerbare Energien schaffen technologische Wettbewerbsvorteile und sorgen für Wertschöpfung und Arbeitsplätze.

Stattdessen stellt man als »Fakten« getarnte gegenteilige Behauptungen auf und wiederholt die Unwahrheiten so lange und so laut, bis sich niemand mehr vorstellen kann, dass da gar nichts dran sein könnte. Die Kampagnen kosten Milliarden und haben kein anderes Ziel, als Zeit zu gewinnen. Jeder Tag, an dem – trotz klimapolitischem Globalkonsens – diskutiert und nicht für die Zukunft gehandelt wird, ist für die Lobbyisten der Vergangenheit ein gewonnener Tag. Denn jeder Tag, den die fossilen und atomaren Kraftwerke weiterlaufen, spült Millionengewinne in die Kassen der alten Industrien. Egal, ob das der Volkswirtschaft schadet. Egal, ob andere Länder dadurch in ihrer Entwicklung gehindert werden. Egal, ob dadurch die künftige Energieversorgung gefährdet wird. Die mächtigen Vertreter von Öl, Kohle, Gas und Atom schauen ausschließlich auf den eigenen Vorteil – und tun alles, um keine Nachteile in Kauf nehmen zu müssen. Um das zu vertuschen, zünden sie ein kommunikatives Feuerwerk, das den Blick der Öffentlichkeit aufs Falsche lenkt – ein Spektakel am Medienhimmel, das davon ablenkt, was auf dem Boden politischer Tatsachen wirklich passiert.

ENERGIEWENDE: OPFER IHRES EIGENEN ERFOLGS

Das Gift der demagogischen Populisten wirkt. Immer weniger geht es um Fakten und Argumente, immer öfter um Lärm und um Krawall. Die fossilen und atomaren Lobbyisten setzen ihre Interessen erstaunlich erfolgreich durch. Sigmar Gabriel, einst engagierter Vorreiter der Energiewende, ist im Laufe seiner Amts-

zeit als Bundeswirtschaftsminister zum Klassensprecher der
fossilen Industrie geworden. Vor seinem Abschied aus dem Ministerium für Wirtschaft und Energie schindete er mit seinen
Entscheidungen – wie den Abwrackprämien für alte Kohlekraftwerke – immer wieder wertvolle Zeit für die fossile Energiewirtschaft heraus.

Der »Welpenschutz« für die erneuerbaren Energien sei nun-
mehr beendet, erklärte Gabriel 2016 seinen rückwärtsgewandten Kurs. Dabei geht es nicht um junge Hunde, sondern um die
Basis unserer Volkswirtschaft. Es geht nicht um überflüssige
Leckerlis, sondern um entscheidende Investitionen in die Wirtschaft von morgen. Was er mit der niedlichen Welpen-Metapher
verschleiert, sind massive Umverteilungen von staatlichen För-
dergeldern. Denn weniger Förderung für die Erneuerbaren und
eine Verlangsamung des Kohleausstiegs bedeuten im Klartext:
kein Geld für die Zukunft und noch mehr Geld für die Vergangenheit.

Schon lange sind die erneuerbaren Energien keine »Welpen«
mehr. Im Gegenteil: Sie sind schneller als erwartet groß geworden. Im alten Energie-Mix galten sie als zu vernachlässigender
Bestandteil. Jetzt sind sie eine ernst zu nehmende Größe auf
einem hart umkämpften Markt. Sehr viel früher als erwartet
stehen sie auf Augenhöhe mit den konventionellen Energien.
Eine echte Konkurrenz.

Seitdem absehbar ist, welche Rolle die erneuerbaren Energien auf dem Energiemarkt der Zukunft spielen, wehren sich
die fossilen Konzerne mit allen Mitteln gegen die unausweich-
liche Vertreibung vom Energiemarkt. Immer aggressiver setzen
sie ihre wirtschaftlichen Interessen durch. Um im Gabriel-Bild
zu bleiben: Es bellt und tobt eine Horde in die Jahre gekomme-

ner Rottweiler, die ihre besten Tage hinter sich haben. Es passt ihnen überhaupt nicht, dass die jungen Hunde sich nicht mehr devot auf den Rücken werfen, sondern tatsächlich den Platz vor der Hütte und auf der Spielwiese beanspruchen. Wütend beißen die Alten die kräftigen Jungen weg. Es ist ein Kampf um gut gefüllte Fressnäpfe. Kläffend lenkt die Horde davon ab, dass nicht die zähnefletschenden alten, sondern die jungen Hunde die Zukunft sind.

Die deutsche Energiewende ist zum Opfer ihres eigenen Erfolgs geworden. Je kräftiger sie wird, umso stärker wird die Gegenwehr. Wir befinden uns in einem erbitterten Krieg um die Macht am Energiemarkt, nicht nur in Deutschland, sondern überall auf der Welt – mit dramatischen Folgen. Denn um mächtig zu bleiben, sabotieren die Vertreter der alten Energiewelt das Gelingen der Energiewende und kämpfen untereinander um die fossilen Ressourcen. Das ist mehr als ein Energie-Monopoly. Es ist brandgefährlich: Es drohen geopolitische Konflikte, Ölkrisen und nicht nur finanzielle Kriege um Energie. Die Kämpfe um den Machterhalt der alten Energiewelt bedrohen den Frieden.

Es ist an der Zeit, einmal ganz genau hinzuschauen, was im Konflikt zwischen alter und neuer Energiewelt eigentlich vor sich geht: Mit welchen Ablenkungsmanövern drängen die fossilen Riesen die erneuerbaren Energien vom Markt? Welche wirtschaftlichen Interessen stehen hinter den energiepolitischen Verflechtungen? Und wie können Unternehmen, Politik und Verbraucher verhindern, dass die Energiewende sabotiert und ausgebremst wird?

Denn die Lage für den Planeten ist ernst, und zwar seit langem. Die CO_2-Emissionen durch den Verbrauch fossiler Energien bleiben auf Rekordniveau. Die Treibhausgase, die jetzt in die Atmosphäre gelangen, verursachen einen irreversiblen Klimawandel. Viele Jahre war es »nur« ein Aufwärtstrend, nun wird deutlich, wie rasch und unaufhaltsam die Temperaturen tatsächlich steigen: Die Jahre 2014 bis 2016 sind die wärmsten seit Beginn der globalen Temperaturmessungen 1880. Auch die Folgen des Klimawandels, vor denen Klimaforscher in aller Welt schon so lange warnen, sind unübersehbar geworden: Überschwemmungen und Stürme, der steigende Meeresspiegel und untergegangene Inseln, sterbende Korallenriffe, giftige Algen.

Die gute Nachricht: Noch ist es nicht zu spät. Wir können die Kurve – im wahrsten Sinne des Wortes – noch kriegen und die Erderwärmung auf zwei Grad begrenzen. Das hebelt die Folgen des Klimawandels nicht aus, reduziert sie aber auf ein Maximum, das wir aller Voraussicht nach mit viel Anstrengung gerade noch bewältigen können.

Dabei gilt es in Sachen Klimawandelforschung immer wieder, alte Erkenntnisse zu revidieren – wir werden uns immer wieder neuen, zum Teil überraschenden Entwicklungen stellen müssen. Lange Zeit hielt niemand es für möglich, dass der Golfstrom eines Tages kollabieren könnte. Der Golfstrom als komplexe Natur-Fernwärmeheizung für Nordeuropa sorgt mit seinen Wärmeströmungen vom äquatorialen Atlantik über den Golf von Mexiko für ein mildes Klima in Nordeuropa. Der Weltklimarat IPCC hat unterschätzt, welche Gefahr durch den Klimawandel für die Winter in Nordeuropa ausgeht. Die Klimawissenschaftler hatten den Fokus bei ihren Messungen auf die Temperaturschwankungen im Golfstrom gelegt, nicht aber auf die eigentliche Säule für das stabile System: den Salzgehalt des Wassers. Neue Simulationen zeigen: Während die globalen

Durchschnittstemperaturen immer höher klettern, würde es in Nordeuropa – in Norddeutschland und im Baltikum, in der Bretagne, Irland und Schottland, in Norwegen und Island – um bis zu sieben Grad kältere Winter geben. Zum Vergleich: In der letzten Eiszeit war es vier Grad kälter als jetzt. Verhindert werden könnte die Katastrophe, wenn die Ziele des Pariser Klimavertrags erreicht werden.

Es besteht dringender Handlungsbedarf, um den Klimawandel und seine verheerenden Folgen für die Umwelt aufzuhalten, darüber herrscht – eigentlich – Einigkeit. Schließlich kennt der Klimawandel keine nationalen Grenzen; alle müssen mitmachen. Anders als zu Beginn der internationalen Klimaverhandlungen gibt es inzwischen aber die notwendigen Technologien und Alternativen zu den fossilen Energien, um den Willen auch in der Praxis umsetzen.

Nicht mehr als zwei Grad darf die globale Oberflächentemperatur bis zum Ende des Jahrhunderts steigen – darauf einigte sich die Welt im Dezember 2015 auf der COP21, der 21. UN-Klimakonferenz in Paris. Mit einem Hammerschlag besiegelte der französische Außenminister Laurent Fabius das Ergebnis jahrzehntelangen Ringens um einen Konsens: den Beschluss verbindlicher Klimaziele für alle 195 Teilnehmerstaaten. Zwanzig Jahre nach der allerersten Weltklimakonferenz 1995 in Berlin war das ein lang angepeilter Meilenstein, und zu Recht wurde das historische Klimaabkommen in Paris mit tosendem Applaus und Standing Ovations bejubelt.

Die globale »Climate Action« war beschlossene Sache. Das Ziel war klar, doch wie würde man es erreichen? Ein Beschluss allein ändert schließlich noch gar nichts an den steigenden Treibhausgasemissionen und an der immer weiter nach oben

kletternden Temperaturkurve. Weitere drei Jahre wollte man sich
Zeit geben, bis das »Paris Agreement« in Kraft treten sollte –
doch schon ein Jahr später war es so weit: Am 4. November 2016
hatte die Mehrheit der 55 Staaten, die für mehr als 55 Prozent
aller globalen Emissionen verantwortlich sind, das Abkommen
ratifiziert. Damit trat das weltweit erste verbindliche Klimaabkommen in Kraft. Die deutsche Bundesumweltministerin
Barbara Hendricks nannte es »ein Grundgesetz für den internationalen Klimaschutz«. Wenige Tage später unterstrichen die
versammelten Vereinten Nationen auf der COP22 in Marrakesch
die Dringlichkeit der Klimaschutzmaßnahmen: »Unser Klima
erwärmt sich mit alarmierender und präzedenzloser Geschwin-
digkeit, und wir haben die dringende Pflicht, darauf zu reagie-
ren. […] Wir fordern höchstes politisches Engagement in der
Bekämpfung des Klimawandels, einer Angelegenheit von dringender Priorität«, heißt es im Aktionsplan von Marrakesch.

Für die Eile, das Abkommen so schnell wie möglich verbindlich zu ratifizieren, und den Wunsch, die Dringlichkeit der Klimaschutzmaßnahmen deutlich zu unterstreichen, gab es gute
Gründe –das zügige Handeln ist dem klimapolitischen Stören-
fried Trump zu verdanken: Nach dem Schock über seine Wahl
zum Präsidenten schien allen Eile geboten.

VOM KAMPF UM STROM ZUM KRIEG UM ENERGIE

Als ich 2013 mein Buch *Kampf um Strom* schrieb, war ich der
festen Überzeugung, dass es in Sachen Energiewende – endlich! – nicht mehr um das »Ob«, sondern künftig nur noch um
das »Wie« ginge. Man diskutierte über die Details, vor allem
über das Tempo, mit dem die Wende umgesetzt werden konnte:

Wie schnell können wir auf erneuerbare Energien umstellen? Wie schnell können wir Speicherungstechnologien entwickeln? Wie schnell können wir auf saubere E-Mobilität umsatteln? Die Energiewende selbst war beschlossene Sache.

Natürlich bäumten sich schon damals die Verlierer der neuen Energiewelt vehement gegen den offensichtlichen Konsens auf. Schon damals beschworen sie düstere Blackout-Szenarien und die soziale Verelendung ganzer Schichten herauf, sahen einen Kosten-Tsunami auf die Gesellschaft zurollen und Deutschland schon bald im internationalen Wirtschaftsabseits stehen. Nichts davon war berechtigt. Nichts davon ist eingetreten.

Trotzdem sind die alten Argumente immer noch da. Schlimmer noch: Sie sind wieder erstarkt. Und das Allerschlimmste: Plötzlich geht es wieder um das »Ob«.

Während die weltweiten CO_2-Emissionen auf Rekordniveau sind und die globale Erwärmung unaufhaltsam weiter voranschreitet, während die Atommüllberge wachsen und die Endlagerfrage ungeklärt bleibt, während der Wettlauf mit der Zeit gegen den Klimawandel unerbittlich weitergeht, die geopolitischen Risiken zugenommen haben und der Kampf um fossile Ressourcen an Schärfe gewonnen hat, wird plötzlich wieder darüber gestritten, ob die Energiewende eine Fehlentscheidung ist. Ob es den Klimawandel wirklich gibt und ob er überhaupt anthropogen ist, der Mensch also einen Einfluss darauf hat. Das Diskussionsniveau, jahrelang von Experten aus Wissenschaft und Politik überall auf der Welt mühsam erkämpft, sinkt auf ein unfassbar niedriges Level. Quasi unter die wissenschaftliche Gürtellinie.

Klimaschutz wird als überflüssiger Schnickschnack betrachtet. Das in alle Sprachen der Welt entlehnte Wort »Energiewende«

ist zum Schimpfwort geworden. Wissenschaftler werden der Hysterie bezichtigt. Amerikanische Klimaforscher fürchten um ihre Forschungsergebnisse und bringen ihre über Jahrzehnte gesammelten Daten auf internationalen Großrechnern in Sicherheit.

Währenddessen schwelen hinter den rhetorischen Kulissen geopolitische Konflikte um fossile Ressourcen, und es werden erbitterte Machtkämpfe um das alte Kapital geführt. Dem fossilen Imperium ist der globale Klimaschutz vollkommen egal.

Die fossilen Energieriesen profitieren sogar vom globalen Konsens in Sachen Energiewende: Während alle annehmen, dass die energiepolitische Bühne längst der Nachhaltigkeit gehört, nutzen sie die Euphorie und den Applaus als perfekte Ablenkung, um im Hintergrund unbemerkt die fossilen Strippen zu ziehen. Viele konnten oder wollten sich nicht vorstellen, dass angesichts der sinkenden Preise für Energie aus erneuerbaren Quellen, angesichts der rasanten technologischen Fortschritte und der bereits manifesten Klimawandelfolgen sowie noch drohenden globalen Erwärmung irgendjemand ernsthaft auf die Idee kommen könnte, die Weichen wieder auf fossile Energien umzustellen.

Und doch ist genau das eingetreten. Selbst dem zuversichtlichsten Optimisten ist inzwischen klar: Es gibt allen Grund zum Pessimismus. Eine der letzten Amtstaten von Präsident Barack Obama war es, einen Artikel im angesehenen wissenschaftlichen Wochenmagazin *Science* zu veröffentlichen. Darin wendet er sich explizit an Trump und seine Regierung, erläutert Punkt für Punkt die globale Erwärmung und ihre Folgen, erinnert an die Notwendigkeit von globalem Klimaschutz und unterstreicht die wirtschaftlichen Chancen der erneuerbaren Energien. Das muss man sich auf der Zunge zergehen lassen: Der scheidende US-Präsident nimmt sich in seiner allerletzten Woche im Weißen Haus die Zeit für einen Fachartikel und versucht, seinem Nachfolger den Klimawandel zu erklären. So etwas passiert nicht ohne Not. Ein Albtraum!

Kein Wunder, dass meine amerikanischen Kolleginnen und Kollegen aus Wissenschaft und Forschung um ihre Arbeit bangen! Kein Wunder, dass die Welt sich um die Zukunft des Planeten sorgt!

FRAU AN DEN HERD, KOHLE IN DIE HEIZUNG?

Während sich die Menschen weltweit vor dem Klimawandel fürchten und Maßnahmen zum Klimaschutz befürworten, beißen die Rottweiler hinter den Kulissen unbemerkt die Welpen weg, verteidigen die alten Pfründe und nehmen Einfluss auf die alles entscheidenden Weichenstellungen für die nächsten Energiejahrzehnte. Kohleenergie wird subventioniert, neue Kohlekraftwerke werden gebaut, obwohl sie sich nicht mehr rechnen und immer mehr Investoren ihr Geld aus den fossilen Energien abziehen. Sogar der Bau neuer Atommeiler wird genehmigt, obwohl keine Bank der Welt mehr einen Kredit dafür gibt, ohne dass massive Subventionen gezahlt werden müssen. Die Ablenkungsmanöver des fossilen Imperiums sind so geschickt, dass sie das eigentlich Offensichtliche verschleiern: Es geht nicht um den Klimaschutz, sondern um den Überlebenskampf der Wirtschaftswelt von gestern.

Nirgends wird das deutlicher als in den USA. Fast scheint es, als sei mit dem Auszug des alten Präsidenten alle Hoffnung auf eine friedvolle, fortschrittliche Zukunft aus dem Weißen Haus verschwunden: Wie kein anderer Präsident steht Barack Obama mit seiner Familie für eine offene Gesellschaft, für Gleichberechtigung, Fortschritt und Toleranz, kurz: für eine moderne Demokratie.

Der Geschäftsmann Donald Trump hingegen verkörpert eine Gesellschaft, in der weiße Männer Geld und Macht haben und Frauen nur wenig zu sagen. Er steht für nostalgische Fortschrittsverweigerung, für eine Welt, der Andersartigkeit und Fremde verhasst sind, in der Traditionen gepflegt werden, eine Welt voller bärtiger Cowboys, großer Limousinen und dreckiger Fabrikschornsteine, ein rückwärtsgewandtes Gestern.

Als Trump antrat, amerikanischer Präsident zu werden, so tat er das auch mit dem Versprechen, die amerikanische Wirtschaft zu alter Stärke zurückzuführen: In den USA sollen in seiner Amtszeit 25 Millionen Arbeitsplätze geschaffen und die heimische Industrie gestärkt werden, es soll weniger Bürokratie und eine geringere Steuerlast für Unternehmen geben. Dafür soll das Wirtschaftswachstum angekurbelt werden und das Bruttoinlandsprodukt um 4 Prozent steigen: »Make America great again«.

Mit der vergangenen Größe Amerikas ist das 20. Jahrhundert gemeint: Im 19. Jahrhundert hatte Kohle als fossiler Energieträger das Weltwirtschaftswachstum von England aus vorangetrieben. Doch Amerikas ökonomischer Siegeszug gründete auf den schier unerschöpflichen Ölvorkommen, die man zu Beginn des 20. Jahrhunderts in Texas entdeckte. Öl, Gas und Kohle zählen zu den Grundlagen für den Wohlstand in den USA, der bis zur Finanzkrise 2007 scheinbar keine Grenzen kannte.

Trump verspricht die Rückkehr zu den guten alten Zeiten, in denen die amerikanische Industrie unangreifbar war. Mit den noch immer vorhandenen Ölressourcen soll sich Amerika einen mächtigen Platz an der Weltwirtschaftsspitze sichern. Die Arbeitsplätze, die Trump versprochen hat, sind auch und gerade Arbeitsplätze in der fossilen Energiewirtschaft. Die Zahlungen für die UN-Klimaprogramme will er hingegen einstellen. Das erklärte Ziel: Die Reindustrialisierung Amerikas.

Ohne jedes Zögern hat Trump sogleich mit dem Amtsantritt begonnen, seine Ankündigungen wahrzumachen. Binnen weniger Wochen war klar, wie es aussieht, wenn die fossile Industrie nicht nur medial die Wortführerschaft, sondern ganz real die politische Macht übernimmt. Der Öl- und Kohle-Fan Trump hat vier Vertreter der alten Energiewelt um sich geschart:

Energieminister Rick Perry hatte als republikanischer Präsidentschaftskandidat noch vor kurzem ausgerechnet das Ministerium, dem er nun selbst vorsitzt, abschaffen wollen. Er zweifelt am Klimawandel und unterstützt offen die Ölindustrie.

Scott Pruitt – wohlgemerkt auch er ein Leugner des Klimawandels – wird als Chef der US-Umweltbehörde EPA in den nächsten Jahren fortsetzen, was er in den letzten Jahren mit Geldern fossiler Energieunternehmen begonnen hat: Der Generalstaatsanwalt hatte als Vertreter der Kohle- und Ölindustrie vor Gericht gegen Klimaschutzmaßnahmen Obamas gestritten. Obamas »Clean Power Plan« hatte er als »Kriege gegen die Kohle« bezeichnet. Mehrfach hatte er die EPA verklagt, der er jetzt in Amt und Würden vorsteht.

Der amerikanische Außenminister Rex Tillerson ist ehemaliger Ölkonzernboss: Der einstige Exxon-Chef leugnet zwar nicht den Klimawandel, steht aber ebenfalls für die Interessen der fossilen Energieindustrie ein. Exxon steht im Verdacht, die Öffentlichkeit seit 40 Jahren bewusst über die von konzerneigenen

Forschern nachgewiesene Schädlichkeit seiner Mineralölprodukte getäuscht zu haben, die US-Staatsanwaltschaft ermittelt noch.

Innenminister – und damit in den USA für Umweltfragen zuständig – ist Ryan Zinke, bekanntermaßen ein Freund der Kohle-, Öl- und Gasindustrie.

Trump, Perry, Pruitt, Tillerson und Zinke – man kann sich an einer Hand abzählen, was diese fünf Freunde für abenteuerliche Pfade einschlagen werden: Die Veteranen der fossilen Energiewelt werden sich sicher nicht als Pioniere einer zukunftsweisenden Energiepolitik entpuppen. Zumal sie in guter Gesellschaft sind; neben Perry und Pruitt stellten nicht weniger als sechs weitere Mitglieder aus Trumps Übergangsteam grundlegende Erkenntnisse der Klimaforschung infrage, wie der *Guardian* ermittelt hat. Das Dreamteam für die America-First-Energiepolitik war und ist also eindeutig rückwärtsgewandt aufgestellt.

DEUTSCHLAND, EINIG KLIMALAND?

Doch welchen Einfluss werden die Entwicklungen in den USA auf den Rest der Welt haben? Wird es angesichts der amerikanischen Abkehr vom Klimaschutz auch in Deutschland eine umweltpolitische Kehrtwende geben? Oder werden wir in der deutschen Klimapolitik einen »Jetzt erst recht!«-Ruck erleben?

Die Antwort fällt beunruhigend aus: Nach der dritten Legislaturperiode unserer einstigen »Klima-Kanzlerin« sieht es im Bundestagswahljahr 2017 eher düster aus in Sachen Klimaschutz und Energiewende. Kaum überraschend zeigt sich die umstrittene AfD wenig zukunftsgewandt. Lautstark wirbt die

Partei damit, die Energiewende stoppen und den Atomausstieg rückgängig machen zu wollen. Und sie scheut sich nicht, den Klimawandel samt Erderwärmung für Propaganda zu erklären. Trump macht Schule.

Doch der energiepolitische Rollback in Berlin startete schon lange vor der US-Wahl: Ein weichgespülter Klimaschutzmaßnahmenplan ohne konkrete Ziele, ohne konkretes Datum für einen Kohleausstieg war der Anfang. Die Folge: fatale Fehlinvestitionen und Verzögerungen in Sachen Klimaschutz und Technologiefortschritt, die nicht mehr aufzuholen sind. So hat die Politik den längst notwendigen Kohleausstieg verfehlt, das Erneuerbare-Energien-Gesetz zu Tode novelliert und es versäumt, attraktive und verlässliche Regelungen für die neue Wirtschaftswelt zu schaffen. Verhaltensänderungen brauchen finanzielle Anreize, das gilt für Konsumenten wie für Unternehmen. Durch die Privatisierung und den Ausbau der erneuerbaren Energien ist der Energiemarkt zwar mehr als deutlich im Wandel begriffen, doch die grundlegenden Strukturen haben sich bislang nicht wesentlich verändert. Noch immer gilt: Wer die Netze hat, hat die Macht.

Dass wir im Rest der Welt auch weiterhin als Klimapioniere gelten, liegt daran, dass wir im internationalen Vergleich trotz allem sehr gut dastehen – unter den blinden Klimarettern ist der Einäugige König. Mit einem winzigen Königreich allerdings, das darf nicht vergessen werden. Trotzdem: Wenn Deutschland nicht nur schmucke Klimaziele formuliert, sondern auch tatkräftig und entschlossen konkrete Maßnahmen ergreift, um diese Ziele zu erreichen – dann kann das im Weltmaßstab kleine Land in seiner Vorbildfunktion große Wirkung haben. Nicht zuletzt als Friedensstifter. Denn die meisten aktuellen Kriege sind schon heute Konflikte um mangelnde Ressourcen – Energie ist eine der wichtigsten Ressourcen für die Wirtschaft aller Staaten. Wer hier innovative Ideen und zukunftsweisende Impulse liefert, kann so manchen Konflikt aus der Welt schaffen. Wer sich nicht um Ölquellen streiten muss, weil Solarzellen auf den Häuserdächern die regionale Wirtschaft beflügeln, findet vielleicht auch friedliche Wege für ein fruchtbares soziales Miteinander. Erneuerbare Energien sind nicht nur Motor für den wirtschaftlichen Aufschwung anderer Länder, sondern auch eine wertvolle Antriebskraft für die deutsche Wirtschaft. Das Land der Erfinder und Ingenieure könnte auf diese Weise Energie und Frieden in der Welt verbreiten.

IM ENERGIEPOKER IST ALLES TRUMPF

Noch ist der Krieg um die Energiezukunft nicht entschieden: Die Verlierer der Energiewende wissen sehr genau, dass sie auf verlorenem Posten stehen. Doch das letzte Aufbäumen der fossilen Energiewelt kann gefährlich werden: In Kauf genommen werden nicht nur geopolitische Konflikte, sondern auch fatale Umweltschäden. So investieren die Profiteure der Kohleenergie – aller Gefahren für die Umwelt zum Trotz – in Technologien, um CO_2 einzuschließen. Unter Inkaufnahme hoher Kosten wird eine weitere Endlagerfrage geschaffen, bei der die gefährlichen Kohleemissionen dauerhaft unter Verschluss gehalten werden müssen – und das angesichts schwindender fossiler Ressourcen, die den Einsatz der Technologie ohnehin zeitlich extrem beschränken.

Das alles tun die Unternehmen einzig und allein, weil sie mit der längst überholten Kohleenergie auch weiter Geld verdienen möchten, solange es eben geht, um jeden Preis und auf Kosten aller anderen.

Liegen die Interessenverflechtungen der fossilen Industrie einmal offen, sind sie kaum zu übersehen. Doch aller Absurdität zum Trotz scheuen sich die Gegner der Energiewende nicht, die immer gleichen hanebüchenen Argumente vorzutragen, um den Siegeszug der erneuerbaren Energien aufzuhalten. Obwohl es bis heute noch immer keinen Blackout gab, die Stromlücke ausblieb, wir keinen Atomstrom aus Frankreich importieren müssen und niemand aufgrund seiner Stromrechnung Privatinsolvenz anmelden musste, werden immer wieder die gleichen Argumente gegen die erneuerbaren Energien vorgetragen.

Fast ist es wie ein absurdes Kartenspiel: Als würde man mit jemandem an einem Tisch sitzen, der völlig willkürlich ständig neue Farben zum Trumpf erklärt. Widerlegt man eines ihrer absurden Argumente, ziehen die fossilen Fürsprecher ungerührt die nächste Fehlinformation aus der Tasche: »Es gibt keine Blackouts? Okay, aber was ist mit der Speicherung?« Widerlegt man auch dieses, machen sie sich schnell die Gegenargumentation zu eigen: »Es gibt Speichermöglichkeiten? Okay, aber zuerst brauchen wir die Netze, das sagen Sie doch selbst!« Sie wiederholen ihre Behauptungen so lange, bis der Eindruck entsteht, dass doch etwas dran sein *muss*. »Ökostrom ist teuer. Ökostrom ist teuer. Ökostrom ist teuer.« – Ökostrom ist doch teuer, oder?

Und so werden aus den alten Kamellen immer wieder neue Totschlagargumente – die nur den einen Zweck haben: von den erbitterten Machtkämpfen hinter den Kulissen abzulenken.

NEIN ZUM POSTFAKTISCHEN IRRSINN, JA ZUR ENERGIEWENDE

Das abgekartete Spiel der Gegner der Energiewende ist nicht neu. Schon lange stellen sich ihre Vertreter taub gegenüber allen nüchternen Zahlen und wissenschaftlichen Fakten, die ihre Mythen, die Machtstrukturen und Monopole entlarven könnten. Doch je deutlicher alles auf die globale Energiewende zusteuert, desto aggressiver wird ihre Propaganda, desto dreister verbreiten sie all die Fehlinformationen und Behauptungen, die den Siegeszug der erneuerbaren Energie aufhalten sollen.

Hinzu kommt, dass sich die Verfechter der konventionellen Energiewelt inzwischen etwas noch Absurderes haben einfallen lassen: Sie haben eine Welt ausgerufen, in der es ohnehin nicht mehr um Fakten, sondern nur noch um gefühlte Wahrheiten und Emotionen geht. Ein länderübergreifendes Phänomen: 2016 wurde »post-truth« von den *Oxford Dictionaries* zum Wort des Jahres gewählt, im selben Jahr kürte die Gesellschaft für deutsche Sprache »postfaktisch« zum Wort des Jahres. Was für ein Irrsinn!

Wollen wir wirklich 400 Jahre nach Beginn der Aufklärung zurückkehren in eine mittelalterliche Dunkelkammer? Wollen wir Forschung und Wissenschaft wirklich als eine irrelevante Parallelwelt bezeichnen, empirische und theoretische Forschung als Satanszeug oder Hexenwerk verbieten und wissenschaftliche Diskurse als Aberglauben und Gotteslästerung verdammen? In einer postfaktischen Welt gibt es keine Wissenschaft, keine demokratische Verfassung, keine Menschenrechte. Wollen wir das?

Neben der gefühlten Wahrheit kursieren auch immer mehr »Fake News«, die für viele ein relativ neues Phänomen sind.

Für Klimawissenschaftler sind nachweislich falsche Tatsachenbehauptungen aber beileibe nichts Neues: Schon seit langem werden ihre Forschungsergebnisse aus dem Zusammenhang gerissen, Äußerungen verdreht und Falschmeldungen verbreitet, um die öffentliche Meinung zu beeinflussen.

In besonders bitterer Erinnerung dürfte vielen der »Climategate«-Skandal geblieben sein: Kurz vor der Weltklimakonferenz 2009 in Kopenhagen tauchte eine Flut von über tausend E-Mails und etwa dreieinhalbtausend Dokumenten auf, die die Arbeit der Klimaforscher enorm in Misskredit brachte. Hacker hatten die Daten gestohlen. Mit dem – scheinbar aufrichtigen – Hinweis auf das Anrecht der Öffentlichkeit, alles über die Forschung zum Klimawandel zu erfahren, wurden sie ins Internet gestellt. Doch die Auszüge und Informationen, die daraufhin veröffentlicht wurden, dienten nicht etwa der Aufklärung, sondern der Diffamierung der Forscher. Hinter dem Datenklau stand kein Aufklärungswunsch, sondern verbargen sich ganz andere Interessen: Unmittelbar im Vorfeld der UN-Klimakonferenz waren die Experten der Klimaforschung sehr beschäftigt. Sie sahen sich gezwungen, sich für Mails aus ihrer Vergangenheit zu rechtfertigen, aus dem Zusammenhang gerissene Informationen wieder einzuordnen, verfremdete Sachverhalte klarzustellen und ihre Forschung zu verteidigen. Auch wenn es selbst sehr viele Untersuchungen später keinen einzigen Hinweis auf wissenschaftliches Fehlverhalten gab: Der »Climategate«-Skandal kurz vor der Konferenz in Kopenhagen kam der alten Energiewelt sehr gelegen. Bis zum Klimaschutz-Konsens der Vereinten Nationen in Paris sollte es von da an noch weitere sechs Jahre dauern. Der »Skandal«, der am Ende keiner war, brachte keine unangenehme Wahrheit ans Licht, sondern unangenehme Verhandlungen zum

Stocken. Der »Climategate«-Skandal war faktisch viel Lärm um nichts, doch er brachte die Energiewende-Gegner ans Ziel. Es fällt schwer, dahinter nicht Kalkül zu vermuten.

Dass die fossilen Argumente so viel Raum in der Öffentlichkeit einnehmen, hat einen Effekt zur Folge, der als »false balance« bezeichnet wird. Viele Menschen glauben fälschlicherweise, dass es etwa genauso viele Wissenschaftler gibt, die an den Klimawandel glauben, wie solche, die ihn bezweifeln oder leugnen. In Wahrheit herrscht in der Fachwelt ein nahezu hundertprozentiger Konsens zum Klima. Doch das wissen nur die wenigsten.

Klimaforscher bekommen Hass-Mails, werden beschimpft, verunglimpft, bedroht und eingeschüchtert. Mit zum Teil fataler Wirkung: Wissenschaftler zögern aus Sorge vor den aggressiven, beleidigenden und bedrohlichen Reaktionen, ihre Forschungsergebnisse zu publizieren. Die Angriffe auf die Klimaforschung im Allgemeinen und einzelne Wissenschaftler im Speziellen haben zur Folge, dass es Mut erfordert, mit den eigenen Forschungsergebnissen an die Öffentlichkeit zu gehen, gerade wenn die Wahrheit unbequem sein könnte. Also gerade dort, wo sich aus der wissenschaftlichen Arbeit dringender Handlungsbedarf für die Gesellschaft, die Wirtschaft und die Politik ergibt!

Die Ergebnisse der Klimaforscher erzürnen die fossilen Interessenvertreter deshalb so sehr, weil sie das gesamte energieintensive Wirtschaftssystem infrage stellen. Der Klimawandel ist ein Symptom für dessen Versagen. Die Tatsachen zu akzeptieren hieße, komplett umdenken zu müssen und die Konsequenzen daraus zu ziehen.

Im Gegensatz zu den fossilen Kriegern sind Wissenschaftler keine Interessenvertreter, ihre Arbeit zeichnet sich in allererster

Linie dadurch aus, neutral zu sein und ihr Wissen weiterzugeben, damit in einem demokratischen Prozess Informationen und Handlungsspielräume erarbeitet werden. Und das ist gefährlich für die Vertreter der alten Energiewelt. Um dagegen anzugehen, nutzt das fossile Imperium zwei Strategien: Zum einen werden Wissenschaftler diskreditiert, und ihre Forschungsergebnisse werden mit allen möglichen propagandistischen Mitteln in Zweifel gezogen. Zum anderen versuchen die fossilen Interessenvertreter, ihren interessengeleiteten Aussagen selbst den Anschein wissenschaftlicher Erkenntnisse zu geben. Die falschen Behauptungen und verdrehten Tatsachen werden daher gern als »Faktensammlungen« verpackt und in pseudosachlichem Stil vorgetragen. Die Argumente sind seit Jahren immer dieselben: Die Energiewende werde teuer, die Netze seien überlastet, der Strompreis explodiere, Deutschland gerate ins internationale Abseits.

Doch wer steckt eigentlich dahinter, wenn beispielsweise die Initiative Neue Soziale Marktwirtschaft, kurz INSM, zu Anfang des Bundestagswahljahrs 2017 elf solcher »Fakten« veröffentlicht und mit allerlei Grafiken und Charts untermauert? Wer verfolgt hier welche Ziele, wenn ein – namentlich nicht genannter – Autor seine Auflistung »Die Fehler der Energiewende – und warum sie dennoch gelingen kann« übertitelt, neben verdrehten Fakten aber keinen einzigen konstruktiven Vorschlag nennt?

Glücklicherweise gibt es geduldige Wissenschaftler und kritische Wissenschaftsjournalisten, die solcherlei Propagandaargumente immer wieder einzeln hinterfragen und Punkt für Punkt richtigstellen. Im genannten Beispiel tat dies taggleich der Informationsdienst SOLARIFY – selbstverständlich unter namentlicher Nennung der beteiligten Autoren und unter Angabe eines Impressums, das die Interessen und die Finanzierung der Website transparent macht.

Die INSM übrigens nennt sich selbst »eine regierungsunabhängige, branchen- und parteiübergreifende Organisation, die sich für fairen Wettbewerb, unternehmerische Freiheit, sozialen Ausgleich, Chancengerechtigkeit und eine verantwortungsvolle, generationengerechte Politik einsetzt.« Auf Wikipedia heißt es, die INSM sei »eine im Jahr 2000 vom Arbeitgeberverband Gesamtmetall gegründete und von Arbeitgeberverbänden getragene advokatorische Denkfabrik und Lobbyorganisation.« Und auf Lobbypedia wird die INSM als »marktliberale Lobby-Organisation« bezeichnet. Sie bediene sich »einer Vielzahl von Medien, die aufeinander abgestimmt genutzt werden, um ihre Botschaften zu transportieren«. Dort finden sich detaillierte Angaben zu Finanzierung und Organisation der INSM, zusammengefasst heißt es: »Gesteuert und kontrolliert wird die INSM durch den Beirat, in dem sich neben Vertretern von Gesamtmetall auch Vertreter der anderen Spitzenverbände der deutschen Wirtschaft finden. Hinzu kommen Experten für Demoskopie, die über Meinungs- und Stimmungstrends informieren.«

Dagegen ist Solarify nach eigenen Angaben »das unabhängige Infoportal von Agentur Zukunft und Max-Planck-Gesellschaft für Nachhaltigkeit, Erneuerbare Energien, Klimawandel und Energiewende.« Man wolle »mit den inzwischen mehr als 6500 hochgeladenen Texten und Grafiken eine aktuelle Informationsquelle sein, ein verlässlicher Leitfaden, um sich in der Flut der Informationen zurechtzufinden«. Die Agentur Zukunft ist ein Berliner Journalistenehepaar mit vier Jahrzehnten Medienerfahrung als freiberufliche Hörfunk- und Fernsehautoren und Pressesprecher. Und die Max-Planck-Gesellschaft? Ihre Organisation (als eingetragener Verein) und Finanzierung (2016 rund zwei Milliarden Euro aus öffentlichen Mitteln) sind auf ihrer Website veröffentlicht. Sie ist Träger einer Vielzahl von Forschungseinrichtungen in Deutschland und im Ausland. Laut Wikipedia genießt sie »weltweite Anerkennung. Nichtuniversitäre Forschungsinstitutionen haben sie 2006 im Times-Higher-Education-Supplement-Ranking zur weltweit besten nichtuniversitären Forschungseinrichtung gekürt. […] Die Max-Planck-Gesellschaft zur Förderung der Wissenschaften kennt nur Wissenschaftliche Mitglieder«.

Und wem von beiden – INSM oder Solarify – schenken Sie Glauben?

DIE WAFFEN DER WISSENSCHAFT

Die aggressive Propaganda der fossilen Lobbyisten hat zur Folge, dass immer mehr Forscher wissenschaftliche Erkenntnisse offensiv auch in der breiten Öffentlichkeit vortragen. Sie überlassen es nicht mehr nur anderen, eine Meinung zu vertreten – auf die Gefahr hin, der Ideologie bezichtigt zu werden.

Die wichtigste Aufgabe der Wissenschaft ist, Forschungsergebnisse der Öffentlichkeit zur Verfügung zu stellen und komplexe Zusammenhänge verständlich zu erklären. Natürlich haben Bürger und Bürgerinnen ein Anrecht darauf, über den Stand der Forschung aufgeklärt zu werden. Sowohl der Wirtschaft als auch der Politik steht eine verständliche und verlässliche Wissensgrundlage für Entscheidungen zu. In meinem Fall als Wissenschaftlerin geht es um volkswirtschaftliche Erkenntnisse als Basis für politisches und ökonomisches Handeln.

Wissenschaftlich fundierte Erkenntnisse sind eine unverzichtbare Entscheidungsgrundlage für die ganze Gesellschaft. Wer »alternative Fakten« als Meinungsfreiheit missversteht oder findet, dass auch abseitige »Fake News« dazugehören, wenn das ganze Spektrum einer Debatte abgebildet werden soll, begibt sich auf gefährlich dünnes postaufklärerisches und postfaktisches Eis. Mit dem vernunftorientierten Denken der Moderne hat das nichts mehr zu tun. Wer Wissenschaftlern die Arbeit erschwert oder die Äußerung ihrer Meinung untersagt, wer sie einschüchtert und bedroht, macht aller Aufklärung und allem Fortschritt ein Ende. Wer Wirtschaft und Wissenschaft als Gegenpole versteht, bereitet der Unvernunft den Boden. Wer kurzzeitige wirtschaftliche Interessen über alle wissenschaftlichen Fakten hinweg durchsetzen will, schadet der Gesellschaft nachhaltig.

Was die Energiewende und den Klimaschutz betrifft, stehen wir am alles entscheidenden Wendepunkt der Geschichte: Die Entscheidungen, die wir jetzt treffen, werden weitreichende Folgen haben. Die Weichen, die wir jetzt stellen, werden über unsere Zukunft bestimmen. Die Investitionen, die wir jetzt nicht tätigen, werden uns irgendwann sehr teuer zu stehen kommen.

Es wäre fatal, das Feld allein den ökonomischen Interessen der fossilen Wirtschaft zu überlassen. Eine Volkswirtschaft sollte in die Zukunft investieren und nicht in die Machtstrukturen der Vergangenheit, die uns ohnehin noch lange genug beschäftigen werden!

ZEIT FÜR EINE ENERGIEREVOLUTION

2017 ist ein wichtiges Jahr für das Klima. Es wird ein Jahr der Entscheidungen sein für die amerikanische Klimapolitik, für Frankreich, für den Deutschen Bundestag, für uns alle. Wenn Europa zerfällt und der Populismus um sich greift, wenn die falschen politischen Mächte das Rad in die verkehrte Richtung drehen und wir dem fossilen Kapitalismus freie Hand lassen, ist die Energiewende in großer Gefahr. Und mit ihr nicht nur die Weltwirtschaft, sondern auch, so pathetisch das klingt, der Weltfrieden.

Wir alle sind aufgerufen, dem wieder salonfähig gewordenen Populismus mit sachlichen Argumenten entgegenzutreten. Aus dem Kampf um Strom ist längst ein Krieg um Energie geworden: Es geht um nicht weniger als um alles. Wir sollten uns von den Ablenkungsmanövern der fossilen Energiewelt nicht irritieren lassen. Wir brauchen dringend eine Rückbesinnung auf die vernünftigen Argumente einer konsequenten Energiewende.

Jeder und jede, Wissenschaft, Wirtschaft und Politik, wir alle sind gefragt, die geifernden Rottweiler der alten Energiewelt endlich auf ihren Platz am Ofen zu verweisen und unsere Aufmerksamkeit und Anstrengungen der neuen Energiewelt zuzuwenden.

Dieses Buch zu lesen ist der erste Schritt in eine andere Energiezukunft. Wer die Ablenkungsmanöver der fossilen Energiewirtschaft durchschaut, wer die Dinge hinterfragt und sich informiert, wird eine gut begründete Meinung vertreten können. Wer sich der Konsequenzen des eigenen Tuns und Nichtstuns bewusst wird, wird politisch aktiv werden und sich engagieren können.

Unser aller Engagement ist dringend nötig: Wir sollten der globalen Verunsicherung nicht mit einem Rollback entgegentreten. Anstatt den Problemen von heute mit Antworten von gestern zu begegnen, wäre es sehr viel klüger, sich nicht beirren zu lassen und konsequent in die Energiewelt der Zukunft zu investieren. Dafür gibt es neben dem gesunden Menschenverstand verdammt viele gute Argumente jenseits des postfaktischen Irrsinns.

II. FAKTENCHECK: DIE ENERGIEWELT JENSEITS DES POSTFAKTISCHEN

POSTFAKT 1: »Die Energiewende ist bis 2022 nicht zu schaffen.«

FAKT: Atomausstieg und Energiewende werden oft gleichgesetzt, sind aber zwei verschiedene Projekte: Die Energiewende ist ein Langzeitprojekt. Manche Maßnahmen reichen schon heute weit über 2030 hinaus. Was bis 2022 gelingen soll, ist nicht die Energiewende, sondern der Ausstieg aus der Atomenergie. Und der wäre schon jetzt möglich: Wenn wir wollten, könnten wir alle acht noch aktiven Atomkraftwerke von heute auf morgen vom Netz nehmen.

Als 2011 geschah, was nie passieren sollte, war der Schreck groß: Ein Erdbeben erschüttert Japan, verursacht einen Tsunami und überrollt mit bis zu 40 Metern hohen Flutwellen die Ostküste des Landes. Autos, Häuser, ganze Städte werden von den Wassermassen mitgerissen, Zehntausende Menschen verlieren ihr Leben, und im Atomkraftwerk Fukushima kommt es zum Super-GAU, der Kernschmelze in drei Reaktoren. In den Tagen und Wochen nach dem Beben kann die ganze Welt an den Bildschirmen die Katastrophe mitverfolgen: Explosionen zerstören die Gebäudehüllen, radioaktive Wolken ziehen über den Pazifik.

Unter dem Eindruck der Ereignisse in Japan beschließt die Bundesregierung wenige Monate nach dem Unglück den Atomausstieg bis 2022. Zehn Jahre will man sich Zeit lassen, um die restlichen noch laufenden Kernkraftwerke in Deutschland vom Netz zu nehmen.

Neu war das Vorhaben nicht: Schon im Jahre 2000 und 2002 hatte die Regierung den Ausstieg beschlossen. Unter Gerhard Schröder wollte man innerhalb von 20 Jahren ganz auf den Strom aus Kernenergie verzichten, bis 2021 sollte der letzte Atommeiler abgeschaltet werden. Doch schnell wurde Kritik an dem Vorhaben laut. Viel zu ehrgeizig sei der Zeitplan, so schnell könne man die Atomkraft nicht durch Strom aus anderen Quellen ersetzen. Immerhin stammte zur Jahrtausendwende noch ein Viertel des von den Deutschen verbrauchten Stroms aus Atomkraftwerken – bei wachsendem Energiebedarf. 2010 folgte der Ausstieg vom Ausstieg: Die Laufzeiten für die deutschen Atomkraftwerke wurden noch einmal verlängert.

Der nach dem Unglück von Fukushima unter Angela Merkel beschlossene Atomausstieg war – genau genommen – nicht mehr als eine Rückkehr zum ursprünglichen Zeitplan. Dennoch sorgte der Beschluss für großes Aufsehen. Denn zurück waren auch die kritischen Stimmen, dass die endgültige Abkehr vom Atomstrom in einem so kurzen Zeitraum gar nicht zu schaffen sei.

In nur zehn Jahren sei der Ausstieg nicht umzusetzen, hieß es in der lautstarken Debatte, und immer öfter tauchte darin noch ein anderes Wort auf, das zunehmend synonym für den Atomausstieg verwendet wurde: das Wort »Energiewende«. Und so hieß es also immer häufiger, die Energiewende sei bis 2022 nicht zu schaffen. Doch so eng Atomausstieg und Energiewende zusammenhängen, sie meinen nicht dasselbe: Das Ende der Atomstromnutzung ist nur einer von vielen Teilschritten auf dem Weg zur Energiewende. So wichtig der Atomausstieg ist, er ist keinesfalls mit der Energiewende gleichzusetzen. Alle Regierungsbeschlüsse, die sich auf das Jahr 2022 beziehen, betreffen allein den Atomausstieg.

Noch verbrauchen wir sehr viel Energie nicht nur aus atomaren, sondern auch aus fossilen Quellen. Selbst wenn nach 2022 keine Atomkraftwerke mehr am Netz sind, werden wir auch weiterhin fossile Energien verwenden. »Energiewende« bedeutet die komplette Ausrichtung auf erneuerbare Energien, also kein Atom, aber auch kein Öl, keine Kohle, kein Erdgas – oder zumindest möglichst wenig davon.

Energie brauchen wir nicht nur für den Strom, sondern in noch höherem Ausmaß für unsere Mobilität und das Heizen (oder Kühlen) unserer Häuser, der Endverbraucher genauso wie die Wirtschaft und Industrieunternehmen sind auf sie angewiesen. Unser gesamtes Wirtschaftssystem basiert auf einem extrem hohen Energieverbrauch: Energie ist das Blut der Volkswirtschaft.

Die fossilen Ressourcen, Kohle, Erdgas und Öl, verursachen nicht nur große Umweltschäden, sondern sind auch nur begrenzt vorhanden: Früher oder später gehen sie zur Neige. Das Öl früher, die Kohle später. Deswegen sind es ganz unterschiedliche Fragen, bis wann der Atomausstieg zu schaffen ist und bis wann die Energiewende zu schaffen sein könnte. Bleiben wir erst mal beim Atom-Thema: Atomare Energie ist mit extremen Risiken verbunden, wie wir in Fukushima gesehen haben. Selbst ohne Super-GAU hinterlassen wir der Welt nach wenig mehr als einem halben Jahrhundert Kernenergienutzung einen riesigen Haufen Atommüll – der für bis zu einer Million Jahre sicher verschlossen werden muss. Noch immer ist nicht geklärt, wo und ob wir die radioaktiven Abfälle sicher lagern können, schon jetzt drohen uns die Entsorgungspraktiken – angesichts rostender Atommüllbehälter und Lecks in den Zwischenlagern – zum

Verhängnis zu werden – dabei müssten die Fässer und Lager aller Voraussicht nach immer sehr viele hunderttausend Jahre halten. Zudem wird der Rückbau der Atomkraftwerke Jahrzehnte dauern und sehr viel mehr Kosten verursachen als zunächst angenommen.

Inzwischen sind es noch fünf Jahre bis 2022, nur noch fünf Jahre, bis es keine Atomkraft aus Deutschland mehr geben soll. Der Anteil an Atomenergie im gesamtdeutschen Strom-Mix hat sich seit der Jahrtausendwende bereits deutlich reduziert: Der Strom in deutschen Haushalten kommt mittlerweile zu etwa einem Drittel aus erneuerbaren Energiequellen wie Wind, Wasser und Sonne. Mehr als die Hälfte stammt aus fossilen Quellen, hauptsächlich Kohlekraftwerken. Und nicht mehr 30, sondern etwa 15 Prozent unseres Stroms beziehen wir aus den Atomkraftwerken, die in Deutschland noch am Netz sind.

Am bundesdeutschen Strom-Mix lässt sich also, könnte man meinen, ablesen, dass wir es seit dem ersten Atomausstiegsbeschluss im Jahr 2000 – allen Laufzeitverlängerungen und klimapolitischen Umwegen zum Trotz – geschafft haben, jedes Jahr ein Prozent weniger Atomstrom in das deutsche Stromnetz einzuspeisen, und auf einem guten Weg sind.

Doch hinter den Kulissen zeigt sich noch ein ganz anderes Bild: Niemand braucht noch zu überlegen, ob wir es bis 2022 schaffen können, die restlichen knapp 15 Prozent Atomenergie im bundesdeutschen Strom-Mix durch Energie aus erneuerbaren Quellen zu ersetzen. Es ist längst gelungen.

Denn die erneuerbaren Energien sind noch sehr viel erfolgreicher als die Strom-Mix-Zahlen auf den ersten Blick vermuten lassen: Während der Ausbau von Solar- und Windkraftanlagen rasant vonstattengeht und immer mehr neue Anlagen hinzugebaut werden, laufen die deutschen Atommeiler und Kohlekraftwerke vorerst weiter. Das Ergebnis: Wir schwimmen im Strom.

Deutschland produziert so viel Strom, dass der Überschuss in andere Länder exportiert wird. Im Winter 2016/2017 war Frankreich auf Strom aus Deutschland angewiesen. Fünf Jahre vor dem endgültigen Ende der deutschen Atomkraft laufen – mit einer Gesamtleistung von insgesamt etwa 2000 Megawatt – zwei von sieben Atommeilern ausschließlich für den Bedarf der französischen Nachbarn.

Wenn wir wollten, könnten wir alle acht noch aktiven Atomkraftwerke vom Netz nehmen. Wir müssten damit gar nicht bis 2022 warten: Der Atomausstieg ginge jetzt!

Dass die Atomkraftwerke bislang dennoch weiterlaufen, liegt daran, dass es Verträge mit den Betreibern gibt, an die sich die Bundesregierung halten muss – gäbe es die Laufzeitgarantien nicht, könnten wir alle Atomkraftwerke schon morgen abschalten. Doch noch gibt es Unternehmen, denen der Betrieb bis 2022 zugesagt ist und die darauf ihr Geschäft aufbauen: die großen Vier, die Atomkonzerne E.ON, Vattenfall, RWE und EnBW.

Die Energiewende selbst wird mehr Zeit in Anspruch nehmen als der Atomausstieg. Der Atomausstieg bis 2022 ist ebenso beschlossen wie die Energiewende bis 2050. Auch die großen Vier werden ihr Geschäftsmodell in den nächsten Jahren auf eine erneuerbare Zukunft umstellen müssen – doch bis es so weit ist, laufen die lukrativen Atomkraftwerke weiter.

Wem es eben bis 2022 noch zu schnell ging, der landet schon beim nächsten Argument beim Gegenteil seiner Argumentation: Die Energiewende sei schon deshalb zum Scheitern verurteilt, weil ihre Umsetzung zu lange dauere, so lange im Voraus könne man gar nicht planen.

Im November 2016, kurz vor der 22. Klimakonferenz der Vereinten Nationen in Marrakesch, einigte sich die Große Koalition auf den deutschen »Klimaschutzplan 2050«. Darin ist festgelegt, welche Schritte Deutschland in den nächsten Jahrzehnten auf dem Weg zur Rettung des Planeten gehen will. Es war ein klimapolitischer Meilenstein, um den Politiker aller Parteien, die Industrie und zahlreiche Interessenvertreter jahrelang gerungen haben. Fast hätte Bundesumweltministerin Barbara Hendricks ohne bundespolitischen Konsens zur COP22 nach Marrakesch reisen müssen, so sehr wurde bis zuletzt über das Dokument gestritten. Der Kompromiss gelang in allerletzter Minute.

Einwände gab es viele: Der Atomausstieg 2022 sei viel zu früh, überhaupt wären viele der Ziele viel zu ehrgeizig, und über den endgültigen Kohleausstieg müsse man erst noch beraten, bevor man sich auf ein Datum festlegen könne. Auf der anderen Seite ist es vielen suspekt, so lange im Voraus zu planen – die Zielmarke 2050 läge viel zu weit in der Zukunft.

Dabei ist die Energiewende ein viel zu umfassendes Vorhaben, um es nicht so weit im Voraus zu planen. Der »Klimaplan 2050« gibt den offiziellen Fahrplan vor. Alle Einzelentscheidungen der deutschen Klimaschutzpolitik orientieren sich an der international vereinbarten »Zwei-Grad-Obergrenze«. Mehr als anderthalb, maximal zwei Grad über die vorindustriellen Temperaturen darf die globale Erwärmung nicht steigen. Aus dieser Obergrenze leiten sich alle klimapolitischen Ziele und Maßnahmen ab, die unser Wirtschaftsleben in den nächsten Jahrzehnten energieeffizient und umweltschonend umgestalten sollen. Dazu gehört zum einen der Ausbau der erneuerbaren Energien auf 40 bis 45 Prozent Anteil an der Stromerzeugung bis zum Jahr 2025 und auf 55 bis 60 Prozent bis zum Jahr 2035. Zum anderen braucht es eine deutliche Verbesserung der Energieeffizienz, vor allem beim Heizen von Wohnungen und Häusern. Und zum Dritten benötigen wir eine nachhaltige Verkehrswende, die auf Verkehrsvermeidung und -optimierung sowie klimaschonende Antriebstechnologien und -stoffe setzt. Es wurden Fördergelder für die Erforschung und Entwicklung neuer Energietechnologien und moderner Energiespeicher beschlossen. Gefördert werden auch die erneuerbaren Energien und Speicher, Gebäudesanierungen und der Kauf von Elektroautos.

Bis zur – an vielen Stellen eher vagen – Einigung war es nicht nur ein kontroverser, es war auch ein langer Weg: Seit der Rio-Konferenz 1992 haben wir ein Vierteljahrhundert gebraucht, um uns auf den Klimaschutzplan zu einigen. Die Diskrepanz zwischen der Schnelligkeit, in der der Klimawandel voranschreitet, und dem Tempo, mit dem wir ihm entgegentreten, ist enorm. Die deutsche Debatte um die Notwendigkeit einer Energiewende wird aber mit Blick auf die Atomkraft schon seit den 1970er-Jahren geführt. Bis zum endgültigen Beschluss des Atomausstiegs im Jahre 2011 sind dreieinhalb Jahrzehnte vergangen. Für die Umsetzung der Energiewende bleiben uns von heute aus gesehen 33 Jahre, weniger als für den Beschluss – und nicht sehr viel Zeit für eine so umfassende Veränderung, wie es die Energiewende ist.

Nicht von ungefähr wurde lange und wird noch immer diskutiert, wie schnell oder wie langsam und in welcher Reihenfolge der Energiewende-Prozess vonstattengehen kann. Es ist kompliziert, wie bei einem Umzug, an dem sehr viele Parteien beteiligt und alle voneinander abhängig sind: Die wenigsten wollen, aber alle müssen umziehen. Wer packt nun seine Sachen zuerst ein und macht den ersten Schritt? Wer braucht seine Küchenutensilien am dringendsten bis zum allerletzten Moment? Wer kann auf gar keinen Fall auf das Familiensilber verzichten, wer profitiert von der Veränderung, wer wird sich am neuen Standort einschränken müssen? Und wie werden die Kosten für den Umzug aufgeteilt? Keine leichte Aufgabe!

Die Energiewende ist ein komplizierter Prozess mit unzähligen Beteiligten, der allen Veränderungen abverlangt. Schließlich basiert unser gesamtes heutiges Wirtschaftssystem auf Energie. Wir stehen vor keiner geringeren Aufgabe, als die Grundstruktur unserer Volkswirtschaft zu verändern. Die Wachstumsphase, die mit der industriellen Revolution im 18. Jahrhundert begann, dauert bis heute an. Unsere Verkehrswege und Verkehrsmittel, unsere Fabriken und die gesamte Industrie, unsere ganze heutige Lebensweise und die vielen Annehmlichkeiten unseres Alltags von der Waschmaschine über die elektrische Zahnbürste bis hin zum Smartphone – das alles geht auf die Erfindung der Dampfmaschine, der Elektrizität und des Computers zurück. Unsere gesamte Industrialisierung fußt auf der Nutzung fossiler Energievorkommen, auf Kohle, Gas und Erdöl.

Wir sind es gewohnt, Auto zu fahren und Flugreisen zu unternehmen, unsere Gebäude im Winter zu heizen und im Sommer zu kühlen, zu konsumieren und uns mit vielen technischen Geräten auszustatten, die uns die Arbeit, den Alltag und die Kommunikation erleichtern oder abnehmen. Wir sind auf dem besten Wege, unser gesamtes Leben inklusive unserer Arbeits- und Wohnumgebung zu digitalisieren. Für all das brauchen wir sehr viel Energie. Müssen wir all diese Errungenschaften aufs Spiel setzen, wenn wir auf erneuerbare Energien umstellen? Wie sollen wir in so kurzer Zeit auf erneuerbare Energien umstellen? Können wir überhaupt auf fossile Energien verzichten? Werden wir die Kohlekraftwerke brauchen, um unsere Energieversorgung auch in Zukunft abzusichern? Werden wir nach dem Kohleausstieg noch auf Atomkraft verzichten können? Wie sollen wir so viele CO_2-Emissionen vermeiden? Können wir überhaupt Energie sparen, wenn wir das Wirtschaftswachstum in Deutschland sichern wollen? Müssen wir auf unseren Wohlstand verzichten? Wer soll all die Umbauten und Neuerungen bezahlen? Und können wir so lange im Voraus überhaupt planen?

Alle diese Fragen sind berechtigt. Die gute Nachricht: Anders als vor 20 Jahren gibt es auf die meisten bereits Antworten. Dennoch ist die Energiewende nicht mal eben gemacht, und sie ist auch nicht umsonst zu haben. Vor allem aber ist die Energiewende keine Option. Sie wird gelingen müssen. Innerhalb kürzester Zeit haben wir die fossilen Energieressourcen des Planeten aufgebraucht und sind auf dem besten Wege, unsere Umwelt mit dramatischen Konsequenzen zu zerstören. Selbst wenn der

Präsident der Vereinigten Staaten von Amerika das Gegenteil behauptet, den Klimawandel leugnet, Forschungsergebnisse vernichten sollte und Informationen unzugänglich macht: Uns bleibt nur noch ein sehr kleines Zeitfenster, um das Schlimmste zu verhindern. Die Entscheidungen, die wir heute treffen, werden den Energiemarkt für die nächsten Jahrzehnte prägen. Und es kommen sehr hohe Kosten auf uns zu, wenn wir jetzt nichts unternehmen.

Die Europäische Umweltagentur EEA in Kopenhagen hat errechnet, dass der Klimawandel allein in den Ländern der Europäischen Union, die global gesehen am wenigsten unter Überflutungen und Hitzewellen und anderen Extremwetter-Ereignissen leiden, seit den 1980ern Kosten von über 400 Milliarden Euro verursacht hat. Und das ist erst der Anfang: Die Folgeschäden der Umweltverschmutzung und die Anpassung an die globale Erwärmung werden uns noch sehr viel teurer zu stehen kommen. Je schneller es uns gelingt, die Schäden einzudämmen und die Erderwärmung zu begrenzen, desto mehr Kosten werden wir vermeiden können.

Für die Energiewende ist es fatal, wenn die Politik einen Schlingerkurs fährt oder eine Kehrtwende macht, wie es derzeit in den USA der Fall ist. Der neue Präsident Donald Trump scheint, kaum im Amt, die Klimapolitik seines Vorgängers Barack Obama vollständig ausradieren zu wollen: Am ersten Tag seiner Amtszeit wanderten auf der Website des Weißen Hauses alle Materialien zum Klimawandel in das Archiv. Zum Stichwort »climate change« war kein einziger Treffer mehr zu finden. Wenige Tage später meldete die internationale Presse, dass Trump die Klima-Webseiten der US-Umweltbehörde EPA ganz oder in Teilen schließen lassen will und vorerst keine Fördermittel für die EPA-Klimaforscher mehr bewilligt. Nur etwa ein Jahr nach der Weltklimakonferenz in Paris und nur zwei Monate nach der Weltklimakonferenz in Marrakesch wurde wahr, was alle befürchtet, aber nur wenige für möglich gehalten hatten: die radikale Rückkehr Amerikas zu einer fossilen Energiewirtschaft.

Auch in Japan machte die Klimapolitik eine Kehrtwende: Nach dem Reaktorunglück in Fukushima 2011 schien das Ende der Atomkraft unausweichlich. Angesichts der Katastrophe an der japanischen Ostküste waren alle Atomkraftwerke des Landes heruntergefahren und der Atomausstieg beschlossen worden. Doch drei Jahre später entschied man sich in Tokio für eine Rückkehr zur Atomkraft. Die neue Regierung bewertete Kernenergie als unabdingbar für die Energieversorgung Japans. Ab 2014 wurden einzelne Atommeiler wieder hochgefahren. Sechs Jahre nach der atomaren Katastrophe in Fukushima befinden sich in Japan weitere Atommeiler im Bau.

Deutschland hat sich unwiderruflich für die Energiewende entschieden und dafür Sorge getragen, dass keine künftige Regierung den Kurs mehr rückgängig machen kann: Bis 2050 sollen alle Aufgaben der Energiewende in Deutschland abgehakt sein. Das ist verbindlich und aus unternehmerischer Sicht nicht mehr sehr lang hin. Unternehmen können ihre Geschäftsmodelle nicht von einem Tag auf den anderen umstellen. Je eher sie wissen, dass sie schon bald nicht mehr auf fossile Energien und konventionelle Antriebstechniken zurückgreifen können, desto früher machen sie sich auf die Suche nach Alternativen. Je konkreter die Ziele, desto besser können sie sich mit den Methoden, Maßnahmen und Technologien auseinandersetzen, die es braucht, um die Klimaziele zu erreichen. Je verlässlicher die

Ansagen aus der Politik, desto klarer setzen die Unternehmen Prioritäten und investieren in neue Technologien.

Seitdem es das internationale »Paris Agreement« und den deutschen »Klimaplan 2050« gibt, ist in den deutschen Unternehmen ein Wandel zu beobachten: Die Bedenken gegenüber fossilen Energien wachsen, Investoren werden vorsichtiger. Die klimapolitischen Regulierungen wirken sich auf die Finanzmärkte aus. Inzwischen warnen immer mehr Finanzökonomen vor der »Kohlenstoffblase«. Denn Unternehmen, deren Geschäft auf fossilen Energien basiert, werden derzeit überbewertet. Die Diskrepanz zwischen den international vereinbarten Klimaschutzzielen und den Schürf- und Förderplänen der Unternehmen ist groß. Nach wie vor bestimmen die teuer erkauften Förderrechte den Wert von fossilen Energieunternehmen wie BP, Total oder Shell. Auch die Firmen selbst kalkulieren den internationalen Klimaschutzvereinbarungen zum Trotz mit allen Reserven an Kohle, Öl und Gas, die nachgewiesen und noch zu erschließen sind. Doch wenn all die Ressourcen, mit denen die Konzerne rechnen, tatsächlich aufgebraucht würden, würden die internationalen Klimaschutzziele durch die daraus resultierenden Emissionen deutlich überstiegen. Um die globalen Klimaziele einzuhalten, werden bis zu 80 Prozent aller weltweit noch vorhandenen Kohle-, Gas und Öl-Vorräte nicht mehr verbrannt werden können. Mit erheblichem Einfluss auf den Börsenwert der Unternehmen: Laut einer Studie der Beratungsgesellschaft Mercer könnten die amerikanischen Gas- und Ölunternehmen im Jahr 2050 um bis zu 1,4 Billionen Euro weniger wert sein als heute. Noch sind derartige Finanzrisiken nicht allen Investoren bewusst. Doch der britische Notenbankchef Mark Caney, Finanzinstitute wie das Feri Cognitive Finance Institute, die ehemalige UN-Klimachefin Christiana Figueres oder auch die Naturschützer des World Wide Fund for Nature (WWF) warnen inzwischen vor der »Carbon Bubble« und raten Anlegern davon ab, weiter in Geschäftsmodelle zu investieren, die auf fossilen Energien basieren.

Bei den deutschen Energieriesen sind erste Ansätze für klimafreundlichere Geschäftsmodelle zu erkennen: So investiert man in neue Technologien oder präsentiert sich wie RWE unter neuem Namen als Ökostrom-Anbieter. Innogy heißt die 2016 gegründete Tochtergesellschaft, mit der der Konzern sich für eine »grüne« Energiezukunft aufstellen will – was offenbar aber kein Grund ist, die heute noch lukrativen Geschäftssparten Atom und Kohle vorzeitig aufzugeben.

Die Wechselwirkung zwischen klimapolitischem Kurs und energiewirtschaftlichem Tun zeigt sich nicht nur in der Energiewirtschaft. Auch in vielen anderen Branchen, in der Autoindustrie, in der Schifffahrt, in der Baubranche oder im Handwerk zeichnen sich erste Veränderungen ab. Es wird noch sehr viel Zeit vergehen, bis die neuen Technologien marktreif und schließlich sogar profitabel sind. Aber ein Betrieb, der weiß, dass er schon bald keine Ölheizungen mehr einbauen darf, sieht sich nach geeigneten Alternativen um. Produzenten von Dieselmotoren suchen nach alternativen Ökoprodukten, Kommunen erproben den Einsatz elektrischer Stadtbusse, und die CO_2-intensive Schiffsindustrie investiert in alternative Antriebstechnologien.

Es bleibt abzuwarten, welchen Einfluss der Kurswechsel der USA auf die internationale Klimapolitik haben wird. Ein möglicher Ausstieg aus dem »Paris Agreement« gefährdet nicht die nationalen Klimaziele Deutschlands – aber er gefährdet das Erreichen der internationalen Klimaziele und den klimafreundlichen Kurs einer globalisierten Wirtschaftswelt. Der Erfolg der deutschen Energiewende ist keiner, der sich entscheidend auf die globale CO_2-Bilanz auswirkt: Selbst wenn 80 Millionen Deutsche auf sehr viel kleinerer Fläche sehr viel mehr CO_2-Emissionen verursachen als die 1,1 Milliarden Einwohner Afrikas zusammengenommen, ist Deutschland im globalen Vergleich ein sehr kleines Klimaschutzwunderland. Im Alleingang werden wir das Weltklima nicht retten können. Umso wichtiger ist die Vorbildfunktion Deutschlands: Kaum ein anderes Land hat sich auf eine so langfristige Strategie festgelegt. Wenn es uns als einem der wenigen Klimapioniere auf kleinem Raum nicht gelingt, wem dann? Wenn wir die notwendigen Technologien nicht bauen können, wer dann?

Viele deutsche Klimaschützer sehen Deutschland im internationalen Vergleich freilich als einäugigen König unter Blinden. Aus ihrer Sicht lässt der »Klimaplan 2050« noch viel zu wünschen übrig: Die von der Bundesregierung festgehaltenen CO_2-Einsparungen legen einen Ausstieg aus der Kohleenergie lediglich nahe, ein konkretes Datum für den Kohleausstieg findet sich im Klimaplan nicht. So kommt es, dass die großen Energieversorger derzeit weiter in den Bau neuer Kohlekraftwerke investieren und damit den Ausstieg aus der Kohle verlangsamen. Müssten die Unternehmen davon ausgehen, dass sich die neuen Kohlekraftwerke nicht mehr rentieren werden, weil der endgültige Kohleausstieg in naher Zukunft unabänderlich bevorsteht, würden sie in andere Energieformen investieren.

Die Wirtschaft braucht klare Signale aus der Politik. Unternehmen brauchen einen stabilen Kurs und einen verbindlichen Klimaschutzplan – alles andere kostet sie sehr viel Geld und im Zweifel die Existenz. Es geht also gar nicht um die Frage, ob wir so lange im Voraus überhaupt planen *können*. Es geht darum, dass wir so lange im Voraus planen *müssen*. Schon jetzt zeichnet sich ab, dass Deutschland die für 2020 selbst gesteckten Emissionsminderungsziele von 40 Prozent im Vergleich zu 1990 nicht erreichen wird – dennoch fordern viele ein Tempolimit für die erneuerbaren Energien.

Einerseits ist also vielen der deutsche Atomausstieg bis 2022 viel zu früh, andererseits sei es für die Energiewende bis 2050 noch viel zu lange hin. Und dann gibt es da noch einen anderen Aspekt, der vielen Sorgen bereitet: Der Ausbau der erneuerbaren Energien ginge viel zu schnell voran, darauf sei das deutsche Stromnetz nicht ausgerichtet. In diesem Tempo könne man den Ausbau der Netze nicht vorantreiben. Auch die Energiesicherheit sei in Gefahr: Die Netze reichten nicht aus, und noch verfüge man nicht über die nötigen Speichertechnologien.

Auf den ersten Blick scheinen die Zahlen aufseiten der Kritiker zu sein: Schon 2015 meldete die Europäische Umweltagentur, dass die EU-Länder zumindest ihre für 2020 anvisierten Emissionsminderungsziele erreicht und die CO_2-Emissionen im Vergleich zum Jahr 1990 bereits um mehr als 20 Prozent gesenkt hätten, nämlich um 23 Prozent. Die Ziele, den Anteil erneuerbarer Energien auf 20 Prozent an der gesamten Energieerzeugung zu erhöhen und die Energieeffizienz um 20 Prozent zu verbessern, wird man jedoch aller Voraussicht nach nicht erreichen. Dennoch kann Deutschland durchaus etwas vorweisen: Ziel des Energiekonzepts aus dem Jahre 2010 war es, den Anteil an erneuerbaren Energien im gesamtdeutschen Strom-Mix bis 2020 auf 20 Prozent zu erhöhen. Viel früher als erwartet, schon 2015, lag der Anteil von Strom aus erneuerbaren Quellen an der gesamten Stromerzeugung bei über 30 Prozent. Wie gesagt: Schon heute könnten wir komplett auf Kernkraft verzichten und die letzten acht Atommeiler sofort abschalten.

Doch bei genauerem Hinsehen zeigt sich, dass der Erfolg trügt: Für den Klimaschutz war 2016 kein gutes Jahr. Die 2015 gemeldeten Klimaschutzerfolge der EU waren den warmen Temperaturen im Jahr 2014 geschuldet – wer weniger heizen muss, verursacht weniger Emissionen. Auch reicht ein Kalenderjahr nicht aus, um die langfristige Entwicklung aufzuhalten. In Deutschland stiegen die CO_2-Emissionen von 2014 auf 2015 wieder um 0,7 Prozent und in 2016 erneut um 0,9 Prozent, nicht zuletzt aufgrund kälterer Winter. So hinkt Deutschland seinen Klimazielen an vielen Punkten hinterher. Auch in Sachen Energieeffizienz gibt es Nachholbedarf: Noch immer wächst der Energiebedarf in Deutschland, anstatt zu sinken. Und auch wenn der Anteil der erneuerbaren Energien im öffentlichen Stromnetz inzwischen bei über einem Drittel liegt, stammen – Heizen und Mobilität hinzugenommen – in der Gesamtsumme nur 12,6 Prozent des gesamten deutschen Energiebedarfs aus erneuerbaren Quellen. Die in Europa vereinbarten Ausbauziele von 20 Prozent verfehlt Deutschland somit deutlich. Um diese bis 2020 zu schaffen, müssen wir den Ausbau der erneuerbaren Energien in allen Bereichen konsequent vorantreiben. Dennoch hieß es aus Regierungskreisen schon im Januar 2017, von der Großen Koalition seien für 2017 in Sachen Energiepolitik keine großen Entscheidungen mehr zu erwarten. Kurz darauf verabschiedete sich Sigmar Gabriel aus dem Bundesministerium für Wirtschaft und Energie – er selbst hatte 2013 das Energieministerium vom Bundesumweltministerium entkoppelt und an »sein« Wirtschaftsministerium angegliedert. Seitdem hat er zwar den Atomausstieg vorangetrieben, ist aber mehr und mehr zum Fürsprecher der Kohleindustrie geworden. Der dabei eingeschlagene Kurs schadet der Energiewende, wird aber voraussichtlich erst einmal beibehalten werden. Seine Nachfolgerin, die ehemalige Justizministerin Brigitte Zypries, wird aller Voraussicht nach nicht länger als neun Monate im Amt bleiben – bis zur Bundestagswahl im Herbst. Bis dahin dürfte im Energieministerium nicht mehr viel passieren.

Dabei ist eine fast einjährige Pause Gift für die Energiewende: Es ist, als würde ein Übergewichtiger, der angesichts der gesundheitlichen Folgen seiner Adipositas auf den Rat seines Arztes bis zum Sommer 50 Kilo abnehmen soll, die Umstellung seiner Ernährungsweise nach anfänglich guten Erfolgen gleich wieder stoppen, wenn er im Februar feststellt, dass seine Anstrengungen fruchten und die Waage schon nach kürzester Zeit bereits 15 Kilo weniger anzeigt. Der Patient hätte also noch viele Monate Zeit, um auch die restlichen 35 Kilo, die wegmüssen, abzuspecken. Wer würde ihm in dieser Situation raten, es besser langsam anzugehen? Wer würde ihm empfehlen, lieber wieder zu fettigen Nahrungsmitteln und Schokolade zu greifen, damit er bloß nicht zu früh am Ziel ist?

Genau wie bei einer Änderung der Ernährungsweise ist die Umstellung unserer Energiewirtschaft auf erneuerbare Technologien nicht mal eben nebenbei gemacht. Selbst wenn man es wirklich will, kostet es viel Anstrengung und Zeit, nach den ersten Erfolgen allen Widerständen und Rückschlägen zum Trotz konsequent weiterzumachen und das Ziel nicht aus den Augen zu verlieren. Selbst wenn klar ist, dass es sich lohnen wird.

Die erneuerbaren Energien brauchen kein Tempolimit. Im Gegenteil: Wenn wir die Klimaziele erreichen wollen, können wir uns keine Diätpause erlauben, weder in 2017 noch in all den kommenden Jahren bis 2050.

> **FAKT: Das deutsche Stromnetz ist das sicherste weltweit. Eine Überlastung der Netze droht nicht durch die erneuerbaren Energien, sondern durch die großen Mengen an konventioneller Energie, die trotz aller Klimaziele nach wie vor eingespeist werden – zwei von drei neuen Trassen dienen dem Transport von Kohlestrom. Gefahr für die Energiesicherheit droht allerdings durch die Abhängigkeit von Kohle-, Gas- und Ölstaaten, aus der wir uns durch einen zügigen Ausbau der erneuerbaren Energien lösen können. In Sachen Blackouts ist die Energiewende nicht die Ursache, sondern die Lösung des Problems.**

Die Befürchtungen, mit dem Atomausstieg bis 2022 und dem Siegeszug der Erneuerbaren ginge es viel zu schnell, fußen vor allem auf der Sorge, dass eine Energieversorgung, die auf erneuerbare Energien setzt, gar nicht sicher sein kann und Deutschland buchstäblich schon bald im Dunkeln sitzen könnte. Die beiden zentralen Aspekte, die diskutiert werden, wenn es um die Versorgungssicherheit geht, sind das Stromnetz und die Speichermöglichkeiten für erneuerbare Energien.

Schließlich sind erneuerbare Energien wie Windkraft und Solarenergie nur dann verfügbar, wenn es windig ist oder die Sonne scheint. Doch wie sieht es an windstillen, sonnenarmen Tagen aus, und was, wenn eine solche Witterung über einen längeren Zeitraum anhält? Wie können wir die Energie aus erneuerbaren Quellen speichern? Viel zu groß sei die Abhängigkeit von schwankenden Witterungsbedingungen, wenn wir auf konventionelle Energien verzichten.

Doch bleibt Bayern wirklich von der Energiezufuhr abgeschnitten, wenn es im Norden windig ist, im Süden der Republik aber tagelang Windstille herrscht? Haben wir tatsächlich ein Problem, wenn – wie gefühlt so oft in Deutschland – wochenlang keine Sonne scheint? Werden wir am Bildschirm mitansehen müssen, wie Fußballstar Thomas Müller im Münchner Olympiastadion Anlauf zum Elfmeter nimmt und plötzlich das Flutlicht erlischt? Wird zeitgleich ein Tourist in einer Riesenradgondel über dem stockdunklen Oktoberfest hängen bleiben, bis irgendwo auf einer Hallig im norddeutschen Wattenmeer eine kleine Brise ein einsames Windrad in Bewegung setzt und sich ein paar frische Kilowatt den Weg durch überlastete Leitungen nach München erkämpft haben?

Stromknappheit jedenfalls steht nicht zu befürchten, im Gegenteil, wir haben einen enormen Stromüberschuss. Wir schwimmen geradezu im Strom. Berechtigter scheint die Sorge, dass die deutschen Stromnetze überlastet sein könnten und gar nicht auf die bundesweite Übertragung des grünen Stroms ausgerichtet sind. Werde der Energiebedarf der deutschen Industrie, die überwiegend im Süden Deutschlands ansässig ist, aus Windparks in der Nordsee gedeckt, müsse die Energie von Norden nach Süden einen weiten Weg durch Netze nehmen, die damit überlastet und zudem veraltet seien, so heißt es.

Die Angst vor einem Blackout ist verständlicherweise groß, immerhin sind wir alle – die Wirtschaft wie die Privathaushalte, vom Kühlschrank über die Tankstelle bis zu den Banken und Krankenhäusern – auf ein verlässliches Energiesystem angewiesen. Schon ein Blackout von wenigen Minuten verursacht Kosten in Milliardenhöhe. Doch die Angst ist unbegründet: In Sachen Zuverlässigkeit der Stromversorgung liegen wir weltweit an der Spitze.

Diese Spitzenposition gerät durch die erneuerbaren Energien auch nicht in Gefahr: Der Anteil des Stroms aus erneuerbaren Energien am gesamtdeutschen Strom-Mix ist schon in den letzten zehn Jahren von etwa 10 Prozent auf ein knappes Drittel gestiegen – ohne dass die Versorgungssicherheit oder die Netzstabilität gefährdet gewesen wären. Im Gegenteil: Die Versorgungssicherheit in Deutschland hat in den vergangenen Jahren zugenommen, auf inzwischen 99,998 Prozent. Im Jahr 2014 erreichte die durchschnittliche Dauer von Stromausfällen einen historischen Tiefstwert: 13,1 Minuten. Über einen Zeitraum von zehn Jahren ist statistisch mit 2,4 Stromausfällen zu rechnen. Damit ist das deutsche Stromnetz das zuverlässigste weltweit.

Dennoch warnen die großen Energieversorger immer wieder vor der Gefahr von Blackouts durch die Einspeisung der erneuerbaren Energien. Dabei wurden die wenigen großen Blackouts, die es bislang gab, von den Konzernen selbst verursacht. Umgeknickte Oberleitungen von RWE verursachten 2005 einen tagelangen Stromausfall im Münsterland – die Schuld wurde beim minderwertigen Stahl und den vorausgehenden Extremwetterereignissen gesucht. Ein Fehler bei E.ON sorgte im November 2006 für einen zweistündigen Stromausfall, der zehn Millionen Haushalte in ganz Europa betraf. Gründe für die Blackouts: mangelhafte Stromleitungen und schlechte Organisation.

Trotzdem bleibt die Angst vor der »Kollapsgefahr« und einem »Stromnetz am Limit« durch die Energiewende. Dabei haben neuere Studien gezeigt, dass es weder in Bayern noch in anderen Bundesländern Engpässe durch die Einspeisung erneuerbarer Energie gibt. De facto ist eine Überlastung und damit der Bedarf an einem Ausbau der Netze nicht auf die erneuerbaren Energien, sondern einzig und allein darauf zurückzuführen, dass das jetzige Marktdesign – trotz des politisch gewünschten Vorrangs der Erneuerbaren – eine Einspeisegarantie für fossilen Strom vorsieht, und zwar auch in Zeiten hoher Überkapazitäten. Die Einspeisegarantie für Erneuerbare hingegen wird ab einem bestimmten Anteil am Strom-Mix gekappt. Begründet wird diese Vorgehensweise damit, dass Windräder und Solaranlagen sehr viel flexibler einsetzbar sind. Sie können viel leichter ein- und ausgeschaltet werden als Kohle- und Atomkraftwerke, die lange brauchen, um hoch- und heruntergefahren zu werden. Zwar sind auch Gasanlagen flexibel einsetzbar, doch Gasenergie ist teuer und damit die letzte Wahl bei der Einspeisereihenfolge der Energieformen in den Strom-Pool. Das heißt konkret: An sonnigen, windigen Tagen, an denen in Deutschland mehr als ausreichend erneuerbare Energie fürs ganze Land vorhanden ist, laufen die alten, ineffizienten und umweltschädlichen Kohlekraftwerke und Atommeiler weiter und blockieren die Netze für die erneuerbaren Energien ebenso wie für die flexibel einsetzbaren Gasanlagen. Exakt in solchen Situationen benötigt man tatsächlich größere Netzkapazitäten. Würden die Netze nicht von Atom- und Kohleenergie überlastet, gäbe es gar keinen Stau.

Ein bisschen ist es, als säßen in einem vollbesetzten Bahnabteil ausschließlich Leute mit abgelaufenen Fahrkarten, die sich beharrlich weigern, neu eingestiegenen Fahrgästen Platz zu machen, obwohl diese im Gegensatz zu ihnen gültige Fahrkarten haben. Die Gäste mit den ungültigen Tickets bleiben so lange auf ihren Plätzen sitzen, bis man angesichts der überfüllten Gänge und Bahnsteige beschließt, neue Waggons mit zusätzlichen Sitzen zu bauen – und die Kosten hierfür den Gästen mit den gültigen Fahrscheinen anzulasten, denen bei der Gelegenheit auch gleich die Verantwortung für die Unannehmlichkeiten und Verzögerungen zugeschoben wird.

Anders als früher angenommen brauchen wir keinen weiteren Ausbau der Netze. Auch ich war davon ausgegangen, dass der Netzausbau Priorität haben muss, wenn die Energiewende gelingen soll. Doch inzwischen gibt es sehr viel detailliertere Szenarien als noch vor ein paar Jahren. Die heutigen Berechnungen zeigen: Die Übertragungsnetze reichen in der jetzigen Größenordnung aus. Ein Netzausbau schadet angesichts der veralteten Netze und der Strommengen nicht, aber die heutigen Kapazitäten reichen schon jetzt aus, um die erneuerbare Energie in alle Ecken Deutschlands zu transportieren.

Wir sind also inzwischen um eine Erkenntnis reicher: Die neuen Trassen, die in der Energiewende-Diskussion eine so große Rolle spielen, sind allen heutigen Berechnungen nach unnötig. Doch noch immer tobt der Streit um den Bau der großen Stromautobahnen zwischen Bürgern und Politik weiter – die Furcht vor regionalen Blackouts, Eingriffen in die Landschaft und den Kosten für die Netze ist geblieben.

Denn tatsächlich werden trotz des Widerstands der Bevölkerung immer größere Überlandleitungen geplant und gebaut. Dabei dienen zwei von drei neuen Stromtrassen nicht der Energiewende, sondern dem Transport von Energie aus konventionellen Quellen – jenem Strom, der die CO_2-Bilanz belastet, für Stau auf den Stromautobahnen sorgt und das Netz für die erneuerbaren Energien blockiert.

Während die umweltschädlichen Kohlekraftwerke also allen Klimazielen zum Trotz weiterlaufen, bleibt es dabei, dass in den Augen der Öffentlichkeit die Energiewende an allem schuld ist: an der drohenden Verschandelung der Landschaft genauso wie an den hohen Strompreisen für die Verbraucher. Dass es die konventionellen Energien sind, die den teuren Netzausbau und die damit verbundenen hohen Netzentgelte erforderlich machen, ist weniger bekannt. Auch dass der Überschuss an Strom die Preise an der Börse drückt und damit die EEG-Umlage in die Höhe schießen lässt, wissen die meisten Verbraucher nicht. Auf der Stromrechnung ausgewiesen werden schließlich nur die Kosten für die erneuerbaren Energien, doch dazu im nächsten Kapitel mehr.

Dass wir erst einmal neue Netze brauchen, bevor wir die erneuerbaren Energien ausbauen können, forderten früher die Befürworter der Energiewende. Inzwischen ist der Netzausbau zum Argument der Gegenseite geworden, die die Energiewende lieber später als früher durchführen möchten. Mit dem einstigen Pro-Wende-Argument schürt man die erbitterten Auseinandersetzungen um die großen Stromtrassen von Nord nach Süd, während man davon ablenkt, dass hinter den Kulissen an der Überlastung der Netze verdient und der Platz für die Erneuerbaren blockiert wird.

Kohle- und Atomkraftwerke laufen selbst dann weiter, wenn genügend andere, saubere Energie zur Verfügung steht, die im Stromnetz eigentlich längst Vorrang haben sollte. Wer Stau vermeiden will, ohne Zulassungen einzuschränken, hat tatsächlich nur eine Möglichkeit: ein noch größeres Netz.

Obwohl wir das zuverlässigste Netz der Welt haben, bauen wir es also mit viel Aufwand und hohen Kosten immer weiter aus, um die Garantie für etwas zu erlangen, das wir längst haben: eine nahezu hundertprozentige Versorgungssicherheit.

Den Netzbetreibern kommt es entgegen, dass man noch immer davon überzeugt ist, die Energiewende sei ohne einen Ausbau der Stromnetze gar nicht machbar. Der Netzausbau ist ungeheuer lukrativ: Die Betreiber erzielen garantierte Renditen in Höhe von bis zu 9,05 Prozent. Selbst wenn die Renditen wie geplant auf 6,91 Prozent gesenkt werden, werden sie noch immer unverhältnismäßig hoch sein. Wo sonst bekommt man derart üppige Renditen?

Das ist nicht nur lohnend, bislang galt auch: Wer die Netze hat, hat die Macht auf dem Energiemarkt. Dabei entwickelt sich die Energiewirtschaft seit einigen Jahren in eine ganz andere Richtung. Die Energiewende braucht dezentrale Strukturen auf regionaler Ebene. Immer mehr Verbraucher werden Teil einer Genossenschaft oder Bürgerinitiative. Viele werden im eigenen oder gemieteten Heim selbst zu Energieanbietern, zu sogenannten »Prosumern«. Auf dem neuen Energiemarkt produzieren Konsumenten selbst Strom, speichern ihn und stellen den Überschuss im regionalen Netz zur Verfügung. Intelligente Stromnetze, sogenannte Smart Grids, sollen die meisten der überregionalen Stromnetze, die Überbleibsel eines einst monopolisierten Marktes, künftig mit einem dezentralen Lastenmanagement überflüssig machen. Der Energiewende würde es dienen, nicht in die großen Trassen, sondern in die dezentralen Netze der Zukunft zu investieren oder Projekte wie »Simon« zu fördern: Die Hamburger Energiegenossenschaft Greenpeace Energy arbeitet daran, die Kleinstsolaranlage »Simon«, die auf jedem Balkon betrieben werden kann, an das regionale Netz anzuschließen.

Viele Kommunen fordern ihre Netze inzwischen von den Betreibern zurück. Sie wollen größeren Einfluss auf die Umsetzung der Energiewende gewinnen und den Klimaschutz vor Ort bürgernah und tatkräftig fördern. Weil die Ausschreibungsverfahren und Kriterien für die Konzessionen zum Netzbetrieb so intransparent und unfair sind, gelingt nur selten eine kommunale Rückeroberung der Netze.

Die klimapolitisch engagierte Energiegenossenschaft EWS Schönau, die aus einer nach dem Super-GAU in Tschernobyl 1986 gegründeten Bürgerinitiative hervorging, machte den ersten Schritt und kämpfte hart, bis der Rückkauf des örtlichen Stromnetzes gelang. In Berlin scheiterte man bislang am Rückkauf, das Netzvergabeverfahren läuft seit Jahren. Seitdem im Herbst 2016 die Berliner Regierung neu gewählt wurde, hofft man auf einen energiepolitischen Richtungswechsel in der Hauptstadt. Und zuweilen erinnern die Vergabeverfahren an dramaturgisch fragwürdige Regionalkrimis mit schwachem Drehbuch: In meiner niedersächsischen Geburtsstadt Delmenhorst scheiterte das Rekommunalisierungsverfahren auf merkwürdige Weise. Obwohl der kommunale Betreiber alle Kriterien erfüllte und seinem Konkurrenten EWE in der Ausschreibung überlegen war, endete das Vergabeverfahren mit einer Ablehnung des Rückkaufs. Bei der alles entscheidenden Abstimmung waren – aus gesundheitlichen Gründen, wie es hieß – nur 17 von 45 stimmberechtigten Ratsmitgliedern anwesend. Und diese 17 sprachen sich mehrheitlich gegen die Rekommunalisierung aus. Ein seltsamer Zufall.

In Hamburg hingegen gelang es, das Energienetz per Volksentscheid 2013 wieder in städtische Hand zurückzukaufen, mit dem Vorhaben, »eine sichere, preisgünstige, verbraucherfreundliche, effiziente und umweltgerechte Energieversorgung« zu garantieren. Und tatsächlich arbeitet man in der Millionenmetropole inzwischen tatkräftig an einer neuen Energieversorgung: Ein riesiger unterirdischer Wärmespeicher soll die Sommerwärme der Großstadt bis in den Winter hinein speichern. Neben der Sonnenenergie soll auch die Abwärme von Industrieunternehmen, Kühlhäusern und Rechenzentren nutzbar gemacht werden, um die Hansestadt in der kalten Jahreszeit zu heizen. Sogar die überhitzte Elbe soll entlastet werden, indem man für den Winter Wärme aus dem Flusswasser gewinnt. Was revolutionär klingt, ist keinesfalls utopisch: Die sogenannte Aquifer-Technologie wird bereits seit längerem genutzt, um den Bundestag in Berlin sommers zu kühlen und winters zu heizen. Und kostengünstig ist die Hamburger Energierevolution auch: Nur eine Million Euro soll der Wärmespeicher kosten – ein Schnäppchen gegen die um ein Vielfaches höheren Kosten, die für andere Kraftwerksvorhaben veranschlagt werden und oft in die Milliarden gehen. Allein das umstrittene Vattenfall-Kohlekraftwerk im Hamburger Stadtteil Moorburg soll circa drei Milliarden Euro gekostet haben. In die Kritik geraten war es nicht nur wegen des hohen CO_2-Ausstoßes, sondern auch wegen der zu erwartenden großen Energieverluste, die als Abwärme in die Elbe gelangen. So unsinnig es ist: Ausgerechnet die umweltschädliche ungenutzte Energie aus dem neuen Braunkohlewerk könnte durch den Hamburger Wärmespeicher zum Teil aufgefangen werden.

Anders als noch zu Beginn der Klimaschutzbemühungen vor 20 Jahren ist die Speicherung der erneuerbaren Energien inzwischen mit vielen neuen Technologien möglich: Elektrochemische Batteriespeicher, dezentrale Wärmespeicher, Pumpspeicher, die

Power-to-Gas-Technologien – die Pilotprojekte von früher sind weiterentwickelt worden und ins Blickfeld großer Investoren gerückt.

Im niedersächsischen Werlte investiert Audi in die weltweit größte Power-to-Gas-Anlage, die nachhaltigen Kraftstoff aus überflüssigem Strom erzeugt, RWE baut eine eigene Anlage in Ibbenbüren bei Osnabrück, und die Nordseeinsel Pellworm macht vor, wie Energieautarkie funktionieren kann: Auf 37 Quadratkilometern Fläche machen sich die ca. 1000 Insulaner mittels hybrider Großspeicher und dezentraler Ortsnetzstationen unabhängig von der Energie vom Festland.

Die neuen Speichermöglichkeiten sind nicht nur ein zentraler Baustein für die Versorgungssicherheit in der erneuerbaren Energiezukunft. Zugleich machen die Speicher den Netzausbau noch überflüssiger, als er ohnehin schon wäre, wenn die konventionellen Energien nicht die Netze verstopfen würden: Wer Energie vor Ort speichern kann, muss im Bedarfsfall keine langen Transportwege nutzen, sondern kann auf die eigenen Vorräte zurückgreifen.

Mit dem zügigen Ausbau der Erneuerbaren drohen Deutschland also keine Blackouts. Gefahr für die Energiesicherheit in Europa droht von ganz anderer Seite: Je länger man auf fossile Ressourcen setzt, desto länger begibt man sich in Abhängigkeit von den nichteuropäischen Staaten, die Kohle, Gas und Öl exportieren. Mit dem Schwinden der Ressourcen gehen nicht nur Preissteigerungen für die Brennstoffbeschaffung einher, es verleiht den brennstoffexportierenden Ländern auch wirtschaftliche und politische Macht über die importierenden Länder. Angesichts der neueren Entwicklungen auf dem globalen Markt könnte es sehr klug sein, sich aus den fossilwirtschaftlichen Abhängigkeiten zu befreien und von den geopolitischen Konflikten unabhängig zu machen.

Die Energiewende ist nicht die Ursache, sondern die Lösung des Problems: Unabhängigkeit sichern wir uns durch konsequentes Energiesparen und durch die Stärkung der heimischen erneuerbaren Energien. Die Energiewende gewährleistet eben jene Energiesicherheit, die manche durch sie gefährdet sehen.

Fossile Energien haben in einer erneuerbaren Zukunft nichts zu suchen. Wir werden sie nicht einmal mehr brauchen, um einen Blackout zu vermeiden. Die technischen Fragen für die Einrichtung und den Betrieb eines zu 80 bis 100 Prozent erneuerbaren Energiesystems gelten als gelöst. Was wir statt eines zögerlichen Ausbaus der erneuerbaren Energien brauchen, ist ein klares Aus für die konventionellen Energien.

FAKT: Nicht der Ökostrom lässt die Strompreise steigen, sondern der konventionelle Strom. Denn der Überschuss an Kohle- und Atomstrom drückt die Strompreise an der Börse und treibt somit die EEG-Umlage in die Höhe. An den Verbraucher weitergegeben werden aber nicht die sinkenden Strompreise, sondern nur die steigenden Umlagen und Netzentgelte. Hinzu kommen die Industrierabatte in Milliardenhöhe: Immer mehr energieintensive Unternehmen werden von der Umlage befreit – die Kosten dafür lasten ebenfalls auf den Verbrauchern.

Seit vielen Jahren steht für viele fest: Die erneuerbaren Energien treiben den Strompreis in die Höhe. Seitdem hat sich dieser Eindruck immer weiter gefestigt. Jahr für Jahr, immer im Herbst, verkündet die Bundesnetzagentur in Bonn die Höhe der Netzentgelte und der EEG-Umlage. Die Bundesnetzagentur wacht als Regulierungsbehörde über die deutschen Netzmärkte und stellt sicher, dass im Eisenbahnnetz, den Kommunikationsnetzen und den Strom- und Gasnetzen für Wettbewerb gesorgt ist. Sie kontrolliert und genehmigt die Netznutzungsentgelte und legt die Höhe der EEG-Umlage fest. Jahr für Jahr steigen die Netzentgelte und die EEG-Umlage. Und Jahr für Jahr erhöhen die Stromversorger ihre Preise. Schwarz auf weiß ist es auf jeder Stromrechnung ablesbar: Strom wird immer teurer. Aber sind wirklich die erneuerbaren Energien schuld an den steigenden Preisen?

Der Strompreis setzt sich im Wesentlichen aus drei Blöcken zusammen: zum einen aus den Kosten, die der Energieversorger für die Beschaffung, für den Transport und den Vertrieb aufwendet und mit denen er die Abrechnung und alle sonstigen Kosten deckt. Der zweite Block sind die Netzentgelte samt der Konzessionsabgabe, und der dritte besteht aus den Steuern und Abgaben, die der Energieversorger weitergeben muss: die Umsatzsteuer, die Stromsteuer und – neben diversen anderen Umlagen – die EEG-Umlage, die Umlage für die Einspeisung der erneuerbaren Energien.

Die Netzentgelte sind einer der größten Posten auf der Stromrechnung, sie gehen an die Netzbetreiber und steigen von Jahr zu Jahr: Im Februar 2017 machten sie mit 25,6 Prozent ein Viertel des gesamten Strompreises aus. Seit der Liberalisierung der Strommärkte 1998 müssen die Betreiber ihre Netze allen Energieanbietern am Markt zur Verfügung stellen und erhalten dafür ein Entgelt. Für die Bereitstellung und die Instandhaltung gibt es eine garantierte – traumhaft hohe – Rendite, die den Netzbetreibern gesetzlich zugesichert wird.

Kein Verbraucher kann sich seinen Netzbetreiber aussuchen, das Angebot ist alternativlos. Der Ausbau ist daher ein sicheres und lukratives Geschäft für die Betreiber – selbst dann, wenn die Netze, wie im vorigen Kapitel erläutert, nicht der Energiewende, sondern der Verzögerung des Kohleausstiegs dienen. Mehr Netze bedeuten mehr Gewinne für die Betreiber und höhere Entgelte für die Verbraucher – mit Ausnahme der immer zahlreicheren energieintensiven Unternehmen, die von der vollen Zahlung der Netzentgelte ausgenommen sind. Was den Netzbetreibern dadurch an Erlösen entgeht, wird auf die Rechnungen der privaten Verbraucher draufgeschlagen.

Doch nicht nur die Netzentgelte, auch die EEG-Umlage steigt von Jahr zu Jahr. Das hat zwei Gründe: Zum einen sinken durch den riesigen Energieüberschuss, der inzwischen in Deutschland produziert wird, die Strompreise an der Börse. Die wiederum sind an die Berechnung der Umlagenhöhe gekoppelt: Sinken die Preise, steigt die EEG-Umlage.

Zum anderen gelten für viele Firmen nach wie vor Ausnahmeregelungen: Energieintensive Unternehmen sind von der Umlage weitestgehend befreit. 2014 galt das für etwa 2000 Unternehmen. Unter Sigmar Gabriel als Wirtschafts- und Energieminister ist die Zahl immer weiter gewachsen: War er als Energiewende-Pionier einst für eine Begrenzung der Ausnahmen angetreten, sind in seiner Amtszeit immer mehr Unternehmen von der Umlage befreit worden. 2016 waren es etwa 2300.

Neben Chemie- oder Zementunternehmen, Tiefkühlkost- oder Tiernahrungsherstellern stehen auch die Deutsche Bahn, Exxon Mobil oder Solarworld auf der Liste der befreiten Unternehmen. Sie sparen riesige Summen ein: Die Rabatte summieren sich bei größeren Unternehmen auf Millionenhöhe. Obwohl zum Teil sehr hohe Gewinne gemacht werden, argumentieren die Unternehmen, dass die Befreiung nicht dem Profit diene, sondern dem Erhalt ihrer Konkurrenzfähigkeit im globalen Wettbewerb.

Insgesamt sparen die Unternehmen durch die »Besondere Ausgleichsregelung« pro Jahr Summen in der Größenordnung von fünf Milliarden Euro. Durch diese Einsparungen steigt die Umlage für die Verbraucher, die so mit jeder Kilowattstunde nicht die Energiewende und die Investitionen in erneuerbare

Energien, sondern indirekt die energieintensiven Unternehmen subventionieren.

Die Befreiung der energieintensiven Unternehmen von der Umlage kommt die Verbraucher nicht nur teuer zu stehen, sie läuft in vielen Unternehmen auch aller Energieeffizienz zuwider: Wer Strom billig haben kann, hat wenig Grund, seinen Verbrauch einzuschränken – besonders wenn geringer Verbrauch teurer ist als Energieverschwendung. Nicht wenige Unternehmen würden durch etwaige Stromeinsparungen unter die Befreiungsgrenze fallen: Sparen sie zu viel Energie, entfiele womöglich das Privileg, so dass durch die Energieeffizienzmaßnahmen höhere Stromkosten als zuvor auf sie zukämen. In 2017 hätten sie mit bis zu 6,88 Cent pro Kilowattstunde mehr rechnen müssen, was sich aufs Jahr je nach Verbrauchshöhe schnell zu vier- bis siebenstelligen Beträgen summiert. Diese Mehrkosten sind verständlicherweise kein Anreiz zum Energiesparen.

Nur in seltenen Fällen erfüllt die Ausnahmeregelung ihren eigentlichen Zweck: Unternehmen durch die Befreiung im globalen Wettbewerb zu entlasten. Stattdessen treibt sie den Strompreis für die Verbraucher in die Höhe und schafft für die Industrieunternehmen an der Befreiungsschwelle Anreize, viel statt wenig Energie zu verbrauchen.

Der Markt entwickelt sich in eine ganz andere Richtung, als es die Stromrechnungen der Verbraucher vermuten lassen: Das eigentliche Produkt der Energieversorger, der Strom selbst, wird immer billiger. Das liegt am Stromüberschuss auf dem deutschen Energiemarkt, aber auch daran, dass die Erzeugung erneuerbarer Energien immer kostengünstiger wird. Für die Strombeschaffung müssen die Versorger daher immer weniger Geld ausgeben.

Doch im Unterschied zur steigenden EEG-Umlage und den immer teureren Netzentgelten geben die meisten Energieversorger die sinkenden Börsenstrompreise nicht an ihre Kunden weiter. Mit Hinweis auf die steigenden Kosten, auf die immer höhere EEG-Umlage und die immer teureren Netzentgelte werden die Endverbraucherpreise Jahr für Jahr erhöht. Nur die sinkenden Beschaffungskosten werden in der Preisgestaltung nicht berücksichtigt. Die Unternehmen begründen dies damit, dass Preisschwankungen am Markt, also auch das Risiko steigender Börsenstrompreise, einkalkuliert werden müssten. Nur sehr wenige Energieversorger, etwa Bürgerenergiegenossenschaften, haben in den vergangenen Jahren ihre Preise gesenkt oder stabil gehalten, indem sie nicht nur die höheren Umlagen und Entgelte, sondern auch die sinkenden Börsenpreise an die Verbraucher weitergegeben haben.

So zahlen die meisten Verbraucher tatsächlich von Jahr zu Jahr höhere Strompreise – und gelangen zu dem falschen Eindruck, die Energiewende sei an dieser Entwicklung schuld. Doch würden auf den Stromrechnungen auch die Renditen der Netzbetreiber, die Profite der Energieversorger, die Rabatte für die Industrie und der Einfluss der fossilen Energien auf die Höhe der EEG-Umlage so deutlich ausgewiesen wie die Netzentgelte und die EEG-Umlage – jeder wüsste, dass es nicht die erneuerbaren Energien sind, die für die Strompreisexplosion verantwortlich sind. Allen wäre klar, wie ungerecht die Kostenlast verteilt ist – und um wie viel ungerechter sie von Jahr zu Jahr wird.

Hinzu kommt: Noch viel mehr als die erhöhten Strompreise schlagen die Mehrkosten für andere Energiearten für den Verbraucher zu Buche: Benzin- und Heizkosten steigen seit Jahren anteilig deutlich stärker als die Stromkosten inklusive der EEG-Umlage. Der Etat für Wärmeenergie hat sich seit 2000 fast verdoppelt. In Deutschland wird in der Regel nicht mit elektrischer Energie gefahren und geheizt, und weder für Benzin noch für Heizkosten fällt die EEG-Umlage an.

Doch selbst wenn die Strompreiszusammensetzung so transparent wie möglich auf den Rechnungen ausgewiesen würde, ließe sich daraus nur die Hälfte der Wahrheit ablesen: In der Auflistung der Kosten pro Kilowattstunde wäre noch nicht berücksichtigt, wie hoch die Kosten für konventionelle Energien tatsächlich sind und welche versteckten Subventionen trotz aller Klimaziele in die fossile Energiewirtschaft fließen. Es ließe sich auch nicht erkennen, wie teuer es uns alle zu stehen kommt, den Umstieg auf erneuerbare Energien noch weiter hinauszuzögern. Erst ein Blick auf all die Kosten, die auf keiner Stromrechnung auftauchen und die in keiner Umlageberechnung eine Rolle spielen, offenbart, wie hoch der Preis, den wir für unseren Strom zahlen, tatsächlich ist.

FAKT: Ein Kosten-Tsunami droht von ganz anderer Seite: Würden sich die wahren Kosten für Kohle- und Atomstrom in einer Konventionelle-Energien-Umlage niederschlagen, würde diese sehr viel höher ausfallen als die EEG-Umlage. Gemessen an den versteckten Subventionen, Finanzhilfen und Steuervorteilen für konventionelle Energieträger, an den Folgekosten unserer bisherigen Energieversorgung, an den Klimawandelschäden und den Anpassungskosten an die globale Erwärmung ist die Energiewende ein Schnäppchen.

Neben den Renditen der Netzbetreiber, den Profiten der Energieversorger, den Rabatten für die Industrie und dem Einfluss der fossilen Energien auf die Höhe der EEG-Umlage gib es noch einen weiteren Posten, der sich aus keiner Stromrechnung ablesen lässt: die versteckten Subventionen für die konventionellen Energien.

Als einer der größten Vorteile konventionellen Stroms galt lange, dass er so billig sei. Dabei profitieren konventionelle Energien trotz aller Klimapläne bis heute von staatlichen Förderungen, Finanzhilfen und Steuervergünstigungen. Würden auch die Kosten für die »Konventionelle-Energien-Umlage« auf die Kilowattstunde umgelegt und auf den Stromrechnungen ausgewiesen, würde sich ein ganz anderes Bild zeigen als das der

Erneuerbaren als Preistreiber. Das Forum Ökologisch-Soziale Marktwirtschaft hat 2012 umfassend untersucht, »was Strom wirklich kostet«.

Das Anfang 2015 aktualisierte Ergebnis: Zwischen 1970 und 2010 wurde gemäß dieser Berechnungen Kohlestrom mit insgesamt 421 Milliarden Euro staatlich subventioniert, Atomstrom mit 219 Milliarden. In die erneuerbaren Energien flossen insgesamt 102 Milliarden Euro staatliche Gelder. Alles zusammengenommen wäre die Umlage für konventionelle Energien 2014 höher ausgefallen als die EEG-Umlage in Höhe von 6,24 Cent pro Kilowattstunde: Sie hätte bei 10,6 Cent gelegen. Und während die EEG-Umlage im Jahr darauf leicht sank, auf 6,17 Cent, wäre die Konventionelle-Energien-Umlage auf 11 Cent gestiegen. Sie wäre damit 2015 fast doppelt so hoch ausgefallen wie die EEG-Umlage.

Auch wenn man die Kosten für die Erzeugung einer Kilowattstunde errechnet, zeigt sich ein anderes Bild als auf der Stromrechnung der deutschen Haushalte: Wenn man gesamtgesellschaftlich rechnet und alle Kosten, auch die externen, miteinbezieht, kostete eine Kilowattstunde Windenergie im Jahr 2014 alles in allem 9,2 Cent, Strom aus Kohle- und Atom jeweils mehr als 14 Cent.

Nicht nur in Deutschland zeigt sich bei genauerem Hinsehen, wie schief das Bild der Erneuerbaren als Preistreiber ist. Das World Economic Forum sah 2016 jenen Tipping Point erreicht, ab dem die Entwicklung nicht mehr aufzuhalten ist: Strom aus Wind und Sonne wird immer billiger als Strom aus konventionellen Energien. Schon heute ist in 30 Ländern der Erde sauberer Strom – ohne Subventionen – billiger als umweltschädlicher Kohle- und Atomstrom.

Doch neben dem Vorwurf, dass die erneuerbaren Energien den Strompreis für die Verbraucher in die Höhe treiben, ist auch nach wie vor das Argument zu hören, dass Deutschland sich eine Energiewende gar nicht leisten könne. Durch den Verzicht auf atomare und fossile Energien und die Umstellung auf erneuerbare Energien rolle ein wahrer Kosten-Tsunami auf uns zu.

Die neuen Kraftwerke und Speichertechnologien, die Gebäudesanierungen und Gebäudedämmungen, die Energieeffizienzmaßnahmen und die E-Fahrzeuge – all das wird viel Geld kosten.

Die allermeisten dieser Maßnahmen bergen andererseits jedoch auch großes Einsparpotenzial: Wer Energie spart, spart auch Kosten. Wer in erneuerbare Energien investiert, investiert zwar anfangs in die Technik – macht sich aber später nicht vom Einkauf teurer Rohstoffe abhängig. Wer seine Energie aus erneuerbaren Quellen gewinnt, zahlt – wie wir eben gesehen haben – letztlich weniger als für die Energien aus konventionellen Quellen.

Doch fast noch schwerer wiegt in der Gesamtrechnung, dass erneuerbare Energien sauber und umweltfreundlich sind. Im Gegensatz zum dreckigen Kohlestrom und der riskanten Atomenergie verursachen Wind-, Sonne- und Wasserenergie keinen Abfall und belasten die Umwelt nicht mit Folgeschäden: Mit den Investitionen in die Energiewende lassen sich also nicht nur Energiekosten sparen, es lassen sich an anderer Stelle sehr viel höhere Kosten vermeiden.

Der eigentliche Kosten-Tsunami droht von ganz anderer Seite: den gesamtgesellschaftlichen Kosten durch die Nutzung konventioneller Energien. Zum einen sind das die Folgeschäden des durch die CO_2-Emissionen verursachten Klimawandels, zum anderen die Folgen der Kernenergienutzung. Die Kosten für die Anpassung an die globale Erwärmung, die Umweltschäden und die Folgeschäden von immer häufigeren Extremwetterereignissen sind immens, auch die Kosten für die Endlagerung des Atommülls und den Rückbau der Atomkraftwerke gehen in die Milliarden.

Fest steht, dass die Folgeschäden größer sein werden, je länger wir für die Umstellung auf eine saubere und umweltfreundliche Energieversorgung brauchen. Je länger wir weitermachen wie bisher, desto teurer wird uns unser bisheriger Energiekonsum zu stehen kommen.

Dass auch nach dem Ende der Atomkraft noch hohe Kosten auf uns zukommen, ist nicht neu. Doch erst 2016, fünf Jahre vor dem Ende der Kernenergie, wurde über die finanzielle Absicherung der Folgekosten aus der Kernenergienutzung entschieden.

Es ist, als würde man über eine Pflegeversicherung für die Eltern erst dann anfangen nachzudenken, wenn sie bereits pflegebedürftig sind. Als würde man erst bei den ersten Krankheitsanzeichen damit beginnen, Geld für die medizinische Versorgung und die Pflege zurückzulegen – gerade so, als hätte man nicht gewusst, dass die Eltern eines Tages alt und vielleicht auch krank werden würden. Als würde man davon ausgehen, dass sie eines Tages umfallen, ohne Pflege oder medizinische Versorgung zu brauchen, und deswegen das gesamte Ersparte in Kreuzfahrten stecken.

Jahrelang wurden die unbequemen Fragen nach den Folgekosten der Atomenergie verdrängt: Wer kommt nach dem Ende der Kernenergie für die Zwischen- und Endlagerung des Atommülls auf? Wer übernimmt die finanzielle Verantwortung, wenn es die Atomkonzerne eines Tages gar nicht mehr gibt? Wer ist für den Rückbau der Atomkraftwerke zuständig, deren Überreste von der Betonwand im Kernreaktor über die Schraube an der Eingangstür bis zur Arbeitskleidung der Mitarbeiter ebenfalls kontaminiert und damit Atommüll sind? Wer übernimmt die Kosten für Unfälle vor oder nach der Abschaltung der Kraftwerke? Wer zahlt für die Instandhaltung der Endlager?

In Ländern wie der Schweiz, Schweden und Finnland hat man zu Beginn der Nutzung von nuklearer Energie Atomfonds eingerichtet. Seit den 1960ern wird von den Kraftwerksbetreibern in diese Fonds eingezahlt. So soll sichergestellt werden, dass die späteren Kosten für den Rückbau der Atomkraftwerke und die Entsorgung der radioaktiven Abfälle auch dann noch gedeckt werden können, wenn es die Energieunternehmen eines Tages nicht mehr geben sollte.

Auch in Deutschland haben die Atomkonzerne in den vergangenen Jahrzehnten Geld für den Rückbau und die Zwischen- und Endlagerung zurückgelegt, insgesamt 40 Milliarden Euro sollen es sein. Eine Sicherheit, ob das Geld tatsächlich zurückgelegt wurde, gibt es – anders als bei einem Fonds – allerdings nicht. Unklar ist auch, was im Falle einer Unternehmensinsolvenz geschähe. Hinzu kommt: Die heutigen Berechnungen gehen von einer sehr viel höheren Summe aus: 70 bis 140 Milliarden Euro, so die Schätzungen, wird uns die jahrzehntelange Nutzung der Kernenergie im Nachhinein kosten. Die Rückstellungen der Konzerne sind viel zu knapp bemessen.

Schon seit Jahrzehnten war von Umweltschützern und Energieexperten vor den hohen Folgekosten der Atomenergienutzung gewarnt worden, doch die Regierung reagierte erst, als sich viele der Konzerne aufzuteilen drohten und sich immer deutlicher abzeichnete: Die Unternehmen werden aller Voraussicht nach nicht mehr in der Lage sein, für den Rückbau und die Endlagerung einzuzahlen.

2015, fünf Jahre vor dem endgültigen Aus für die Kernenergie, wurde in Deutschland eine Kommission damit beauftragt, die Finanzierung des Atomausstiegs zu regeln. Nach langen Verhandlungen mit den Atomkonzernen E.ON, RWE, Vattenfall und EnBW hat die Kommission ein Konzept vorgelegt, das im Jahre 2017 in Kraft treten soll. »Die großen Vier« legen demnach etwa die eine Hälfte ihrer Rückstellungen zurück, um damit den Rückbau der Atomkraftwerke, für den sie zuständig bleiben, zu finanzieren. Die andere Hälfte der Rückstellungen plus einen Risikoaufschlag überweisen die Unternehmen in den Fonds, aus dem die Kosten für die Zwischen- und Endlagerung des Atommülls gezahlt werden sollen: insgesamt 23,34 Milliarden Euro. Mit dieser Zahlung kaufen sie sich von jeder weiteren Haftung für den Atommüll frei. Der Haken: Das Geld wird bei weitem nicht ausreichen, um die atomaren Folgekosten zu decken.

Im Gegenzug sollen die Konzerne alle Klagen fallen lassen, die sie unter anderem wegen der entgangenen Umsätze angestrengt haben, welche ihnen aus dem gesetzlich angeordneten – aus ihrer Sicht verfrühten – Atomausstieg entstehen. Die Kalkulation beim Bau der Atomkraftwerke habe anders ausgesehen, begründen sie ihre Schadensersatzforderungen. Für die Konzerne bedeutet jeder Tag, den ein Kraftwerk nicht mehr am Netz bleiben darf, verlorenes Geld: Ein Atomkraftwerk wirft im Durchschnitt etwa eine Million Euro Gewinn ab – pro Tag.

Von den hohen Gewinnen floss aber zu wenig in die Rückstellungen, um die enormen Kosten des Rückbaus schultern zu können, das ist bereits heute absehbar. Der Rückbau eines einzigen Atomkraftwerks kostet mindestens eine Milliarde Euro, allein für die Rückbauarbeiten am Atomkraftwerk Lubmin werden die Kosten auf etwa 4,2 Milliarden Euro geschätzt. Und das bei über 100 Kernkraftwerken, die seit den 1950ern in Deutschland zu Forschungszwecken und zur Energiegewinnung gebaut wurden!

Selbst wenn sich bis zum Ende der Laufzeit der Atommeiler keine atomaren Katastrophen ereignen sollten, kommen also erhebliche Folgekosten auf uns zu – und weitere Probleme: Die Transporte atomarer Abfälle vom Zwischen- zum Endlager sind gefährlich, die Endlager müssen instand gehalten werden. Nach nur 40 Jahren sind in der Schachtanlage Asse, einem ehemaligen Salzbergwerk in Niedersachsen, Lecks entstanden, die das Grundwasser zu verunreinigen drohen. Auch im stillgelegten Atommeiler Brunsbüttel in Schleswig-Holstein lagern stark beschädigte Atommüllfässer, weshalb es aus Sicherheitsgründen keine gesetzliche Genehmigung mehr gibt, es als Zwischenlager zu nutzen. Doch es sieht alles danach aus, dass der Konzern Vattenfall es auch illegal als solches nutzen wird.

Die allermeisten Zwischen- und Endlagerfragen sind ungeklärt, der Rückbau der Kraftwerke aufwendig und teuer. Die Folgen? Nicht abzusehen. Die Gesellschaft wird über einen sehr langen Zeitraum einen sehr hohen Preis für die wenigen Jahrzehnte Atomenergienutzung zahlen.

Doch mit den Folgekosten der Kernenergienutzung ist die Rechnung längst nicht abgeschlossen: Noch schwerer wiegen die gesamtgesellschaftlichen Kosten für die Anpassung an den Klimawandel und die aus dem Klimawandel resultierenden Schäden.

Schon einzelne Extremwetterereignisse kosten viel Geld: Allein das Elbehochwasser 2002 verursachte laut Umweltbundesamt Schäden in Höhe von elf Milliarden Euro. Wenn der Meeresspiegel weiter steigt, wird es weitere Überflutungen geben, es wird weitere Stürme und häufige, lange Hitzeperioden geben. Hinzu kommen Ernteausfälle, Trinkwassergefährdung, Schädlingsbefall und andere Folgen des Klimawandels, auch solche, die wir heute noch gar nicht absehen können.

Die Kosten für die weltweite Anpassung an die Folgen des Klimawandels, beispielsweise der Bau höherer Deiche, tieferer Brunnen oder klimatisierter Wohn- und Arbeitsumgebungen, werden laut dem Umweltprogramm der Vereinten Nationen (UNEP) auf bis zu 25 Milliarden Dollar jährlich geschätzt. Bis 2030 summieren sich die Kosten auf bis zu 300 Milliarden Dollar.

Der wahre Kosten-Tsunami entsteht nicht durch die Energiewende, sondern durch die Altlasten der konventionellen Energiewirtschaft. Deren Verursacher sind nicht bereit, die Verantwortung zu übernehmen und diese Kosten auch zu tragen, sondern ersinnen immer neue Strategien, um sie der Gesellschaft aufzubürden.

Noch kann die zügige Umstellung auf eine kohlenstoffarme Energieversorgung die Höhe der Folge- und Anpassungskosten mindern. Die sogenannten Abmilderungskosten für Innovationen und Investitionen in emissionsarme Technologien oder auch für den Erhalt gefährdeter Ökosysteme sind der kleinste Posten unter all den Folgekosten, die wir infolge des Klimawandels zu tragen haben werden.

Gegen die *Kosten*, die sich aus der Nutzung konventioneller Energien ergeben, sind die *Investitionen* in erneuerbare Energien ein Schnäppchen: Laut Agora Energiewende, einer gemeinsamen Initiative der Stiftung Mercator und der European Climate Foundation, ist der Umbau der deutschen Energielandschaft auf erneuerbare Energien deutlich kostengünstiger als das Festhalten an fossilen und atomaren Systemen. Je zügiger wir die Energiewende vorantreiben, desto flacher wird der Kosten-Tsunami infolge der konventionellen Energienutzung ausfallen.

Ganz unabhängig von den Kosten, die dem Verbraucher aufgebürdet werden, fürchtet auch die Industrie in Deutschland hohe Strompreise durch die erneuerbaren Energien. Damit einher geht die Angst vor wirtschaftlichen Auswirkungen auf das ganze Land: Die Energiewende treibe die deutschen Unternehmen ins Ausland, so die Befürchtung, und koste Deutschland seine internationale Wettbewerbsfähigkeit. Wirtschaftswachstum, Arbeitsplätze und Wohlstand seien in Gefahr. Am Ende profitiere noch nicht einmal der Klimaschutz davon, wenn die Unternehmen statt in Deutschland künftig im Ausland mit Kohleenergie produzierten. Am härtesten träfe es dabei die Stahl- und Aluminiumbranche, heißt es. Doch nicht nur für die Metallindustrie, auch für Chemie- und Papierunternehmen, bei denen der Anteil der Strom- an den Gesamtkosten hoch ist, würde die Situation kritisch.

Die erneuerbaren Energien gelten daher in den Augen vieler als Wachstumsbremse, die die Zukunftsfähigkeit und den Industriestandort Deutschland gefährdet. Aber könnte die Abkehr von den fossilen Energien am Ende tatsächlich zum Rückschritt in vorindustrielle Zeiten geraten?

Alle Zahlen und Prognosen sprechen eine andere Sprache. Deutschland steht im internationalen Vergleich der Volkswirtschaften hervorragend da, wie der aktuelle »Global Competitiveness Report« zeigt. Das Weltwirtschaftsforum vergleicht darin die Wachstumschancen von 138 Volkswirtschaften weltweit. Die Daten zur Infrastruktur, Gesundheit und Bildung, zur Wirtschaft, der Arbeitsmarkteffizienz und zum technologischen Entwicklungsgrad werden jährlich analysiert und ausgewertet. Deutschland ist auf der globalen Rangliste seit Jahren immer unter den Top Ten zu finden: Aktuell belegt Deutschland im Gesamtranking Platz 5.

Von einer Deindustrialisierung Deutschlands kann ganz offensichtlich keine Rede sein. Seitdem die Energiewende beschlossene Sache ist, hatte das offenbar keine negativen Folgen für das wirtschaftliche Wachstum. Die deutsche Wirtschaft verzeichnet einen Beschäftigungsrekord und wachsende Exportzahlen. Auch eine Abwanderung der Unternehmen ist bislang nicht erfolgt, jedenfalls nicht aufgrund der Energiepreise: Wenn Unternehmen ins Ausland abwandern oder ihre Produktionsstandorte verlagern, liegt das in den allermeisten Fällen an den in Deutschland vergleichsweise hohen Sozialabgaben und Lohnkosten.

Die wirtschaftliche Zukunft Deutschlands gibt allem Anschein nach keinen Anlass zur Sorge, im Gegenteil. Die Investitionen in die Energiewende machen sich immer mehr bezahlt: Die Kostenbelastung sinkt von Jahr zu Jahr, ebenso wie die Energiepreise.

Und auch wenn im Verbrauch noch enorme Einsparpotenziale liegen, ist die deutsche Industrie im internationalen Vergleich eine der energieeffizientesten.

Deutschland ist mit der Energiewende nicht nur wettbewerbsfähig, die Energiewende schafft auch im Land wirtschaftliche Vorteile. Auch wenn die Gewerkschaften weiter um die Arbeitsplätze in der Kohleindustrie kämpfen, die Zukunft liegt in der Branche der erneuerbaren Energien. Hier entstehen neue Arbeitsplätze. Schon heute gibt es in Deutschland fünfmal so viele Beschäftigte im Bereich der Erneuerbaren wie in der Kohleindustrie. Arbeiteten 2004 noch rund 160 000 Menschen in der Erneuerbare-Energien-Branche, waren es bis 2012 etwa 400 000 Beschäftigte – auch wenn die Zahl in den letzten Jahren aufgrund der gezielten Ausbremsung der Energiewende durch die Verschlechterung der Rahmenbedingungen für erneuerbare Energien etwas zurückgegangen ist. Hinzu kommen die Arbeitsplätze im Bereich Energieeffizienz. Es ist fraglich, wem die Investitionen in den Erhalt der Arbeitsplätze in der Kohleindustrie noch nutzen – und ob es nicht im gesamtgesellschaftlichen Interesse ist, die Gelder nicht in die alte Energiewelt, sondern in die Arbeitsmärkte der Zukunft zu investieren.

Doch nicht nur in Deutschland, auch im Rest der Welt boomt die Branche: Die International Renewable Energy Agency (IRENA) hat 2014 in einer Studie untersucht, was eine Erhöhung des Anteils an erneuerbaren Energien im globalen Energiemix auf 36 Prozent bis 2030 für die Weltwirtschaft und die einzelnen Volkswirtschaften bedeuten würde. Das Ergebnis: Die Erneuerbaren kurbeln die Wirtschaft an. Das weltweite Bruttoinlandsprodukt würde stärker wachsen, als es bei einem langsameren Ausbau der Erneuerbaren der Fall wäre, am stärksten in Japan mit bis zu 2,3 Prozent mehr Wachstum. Aber auch für viele andere Länder wurde ein höheres Wachstum prognostiziert, für Deutschland etwa ein Prozent. Der globale Arbeitsmarkt im Bereich erneuerbare Energien würde von knapp 10 Millionen auf etwa 24,4 Millionen Arbeitsplätze wachsen. Die globalen Kohleimporte würden um mehr als die Hälfte sinken. Statt einseitig brennstoffexportierender und brennstoffimportierender Länder würde sich ein anderes Geflecht internationaler Handelsbeziehungen ergeben – und für mehr Vielfalt und mehr Stabilität auf den Weltmärkten sorgen. Insgesamt geht die IRENA von einem durchweg höheren Gemeinwohl aus – mit vielen positiven Effekten auf die UN-Nachhaltigkeitsziele, die die internationale Staatengemeinschaft anzustreben beschlossen hat.

POSTFAKT 8: »Wir brauchen keine Planwirtschaft – die Energiewirtschaft braucht Markt.«

FAKT: Erneuerbare Energien erhalten weniger staatliche Unterstützung als die konventionellen Energien. De facto werden erneuerbare Energien immer billiger und laufen den konventionellen Energien den Rang auf einem sich grundlegend wandelnden Strommarkt ab. Angesichts dieses Erfolgs wollen nun die großen Konzerne in das Energiewende-Geschäft einsteigen. Ihre Forderung nach mehr Wettbewerb auf dem Energiemarkt dient in Wahrheit dazu, neue Konkurrenz durch Bürgergesellschaften zu verhindern. Dadurch würden wenige große Marktakteure bevorzugt und fossile Energieunternehmen weiter gefördert werden. Einen freien Energiemarkt unter Maßgabe der vereinbarten Klimaziele wird es erst dann geben, wenn man wirtschaftliche Anreize für umweltschonendes Verhalten schafft. Abzuwägen gilt es zudem zwischen den volkswirtschaftlichen Belastungen und den wirtschaftlichen Chancen, die sich aus einer zukunftsgerichteten Klimapolitik ergeben.

Der deutsche Strommarkt ist ein komplexes Gebilde mit sehr vielen Akteuren und unzähligen Regularien und Bestimmungen. Früher war das anders. Bis 1998 gab es einige wenige Monopolisten, die in Großkraftwerken immer genau so viel Strom produzierten, wie gerade gebraucht wurde, und die für die Energieerzeugung ebenso zuständig waren wie für den Transport und den Vertrieb.

1998 beschloss man, die Monopole aufzubrechen und die Märkte zu liberalisieren. Davon erhoffte man sich – ähnlich wie bei der Telekommunikation – einen stärkeren Wettbewerb unter den konkurrierenden Stromanbietern und letztlich billigeren Strom für die Verbraucher. Doch die radikale Veränderung der Marktsituation fiel mit einem weiteren radikalen Eingriff in den Markt zusammen: Nur wenig später beschloss die Regierung, einen umweltfreundlicheren Kurs einzuschlagen und die erneuerbaren Energien gezielt zu fördern. Bis dahin waren die Anteile an Strom aus erneuerbaren Quellen im deutschen Strom-Mix fast zu vernachlässigen. Der geringe Anteil von 3 bis 5 Prozent speiste sich nur in Ausnahmefällen aus Windkraft- oder Solarenergieanlagen und stammte meist aus Wasserkraftwerken.

Nun wollte man die Klimawandelfolgen, die durch die Nutzung fossiler Energien drohten, eindämmen und die Risiken durch die Nutzung nuklearer Energie minimieren. Das Ziel: mehr erneuerbare Energien statt dreckiger Kohle und riskanten Atomstroms. Hierzu wollte man die Erzeugung alternativer Energieformen gezielt fördern: Im Jahr 2000 trat daher das Erneuerbare-Energien-Gesetz in Kraft.

Das EEG garantierte den Betreibern alternativer Kraftwerke die Einspeisung und die Abnahme der von ihnen erzeugten erneuerbaren Energie in das deutsche Stromnetz. Darüber hinaus wurde den Anlagenbetreibern eine Einspeisevergütung für jede erzeugte Kilowattstunde über einen Zeitraum von 20 Jahren garantiert.

Wer vorhatte, eine Solaranlage oder einen Windpark zu bauen, konnte nach Inkrafttreten des Gesetzes davon ausgehen, dass die Investition sich rentieren würde. Mit dieser Investitionssicherheit wollte man die erneuerbaren Energien fördern und ihren Anteil im deutschen Strom-Mix erhöhen – und schoss weit übers Ziel hinaus: Das deutsche EEG wurde ein Erfolg, der alle Erwartungen übertraf. Das – von vielen für utopisch gehaltene – Ziel, den Anteil der Erneuerbaren bis 2010 zu verdoppeln, war schon 2005 erreicht. Inzwischen stammt ein Drittel des Stroms in deutschen Haushalten aus erneuerbaren Quellen.

Im Prinzip gelang also durch die klimapolitischen Maßnahmen genau das, was man gewollt hatte. Doch was man nicht vorhergesehen hatte, war der Kampf um Strom, der aus dem Erfolg der erneuerbaren Energien entbrennen und das gesamte Energiewende-Vorhaben in Misskredit bringen sollte. Denn auch die ehemaligen Monopolisten hatten nicht mit einem so großen und schnellen Erfolg der erneuerbaren Energien gerechnet. Erst als der Anteil der erneuerbaren Energien am Strom-Mix signifikant zu wachsen begann, nahm der Widerstand gegen das EEG von Seiten der Konzerne und Kohle- und Atomlobbyisten zu. Infolgedessen wurde das Gesetz in den vergangenen Jahren mehrere Male ergänzt und angepasst – leider nicht zugunsten der erneuerbaren Energien. Insbesondere die letzte Novelle von 2016 wird fatale Folgen für die Energiewende haben. Doch eins nach dem anderen.

Zunächst einmal leitete der unerwartet große Erfolg des EEG eine kolossale Veränderung des Strommarkts ein: Zahlreiche Energieproduzenten, Genossenschaften und Bürgerinitiativen erzeugten nun Energie aus erneuerbaren Quellen und konnten sich auf den Einspeisevorrang vor dem Kohle- und Atomstrom verlassen. Jeder konnte zum Energieproduzenten werden, genau dies war das Ziel des EEG gewesen. Der gesetzliche Eingriff in den Markt hatte also nicht nur die Erhöhung des Anteils an erneuerbaren Energien im Strom-Mix zur Folge, sondern auch die »Demokratisierung der Energieversorgung«, wie einer der Geburtshelfer des EEG, der 2010 verstorbene SPD-Politiker Hermann Scheer, es nannte.

Noch eine weitere Besonderheit am Strommarkt begünstigt die Einspeisung der erneuerbaren Energien: Steigt die Nachfrage nach Strom, wird der Bedarf immer zuerst mit der günstigsten verfügbaren Energie gedeckt, dann kommt die nächstgünstigere, erst zum Schluss wird die teuerste verfügbare Energieform ins Netz eingespeist. Die Einsatzreihenfolge orientiert sich also daran, welche Energieform in der Erzeugung am billigsten ist. Da für die erneuerbaren Energien keine Brennstoffkosten anfallen, sind sie in der Regel billiger, es folgen Atomstrom, Kohlestrom und zuletzt die Energie aus Gasanlagen. Wird nun viel Wind- und Sonnenenergie erzeugt, wird die teurere Energie aus dem Markt gedrängt, der sogenannte Merit-Order-Effekt. Dadurch sinkt der Strompreis an der Börse.

Im Grunde war man also schnell ans Ziel der energiepolitischen Maßnahmen gelangt: billige Energie aus erneuerbaren Quellen – genau dies hatte man schließlich mit den beiden Eingriffen in den Markt bezwecken wollen, als man zunächst den Strommarkt liberalisierte und kurz darauf das EEG einführte. Doch der Strompreis für den Verbraucher ist nicht nur an Nachfrage und Angebot gekoppelt, sondern auch an die Einspeisevergütung für die Betreiber der Erneuerbare-Energien-Anlagen. Die EEG-Umlage errechnet sich aus der Differenz zwischen dem Börsenpreis und der Einspeisevergütung und fällt für jede verbrauchte Kilowattstunde an. Drücken die Erneuerbaren den Börsenstrompreis, steigt die Umlage und mit ihr der Aufschlag auf alle Stromrechnungen.

Nur selten werden staatliche Einnahmen so direkt einem bestimmten Zweck zugeführt wie die EEG-Umlage, die die Förderung der erneuerbaren Energien und damit die Finanzierung der Energiewende durch die Verbraucher sichert. In der Regel fließen alle Steuern und Abgaben, die für Arbeit oder Kapital, beim Konsum, beim Tanken oder beim Heizen anfallen, in den großen Topf der Staatseinnahmen, aus denen die Ausgaben für das Gemeinwohl finanziert werden. Umgekehrt sollen die Steuern und Abgaben das Verhalten der Gemeinschaft regulieren: So soll unerwünschtes Verhalten verteuert und durch hohe Steuern unattraktiv werden. Am Ende finanziert der immer kostspieligere Tabakkonsum der Verbraucher nicht unbedingt eine Lungenheilanstalt, sondern deckt womöglich die Kosten für Rentenbezüge, Schulbildung oder Straßenbau.

Was bei der Gestaltung unseres Steuersystems viele Jahre keine Rolle spielte, sind die Kosten, die der Gemeinschaft durch den Verbrauch von Umweltressourcen sowie Umweltverschmutzung entstehen. Daraus resultiert ein fatales Ungleichgewicht: Wer umweltfreundlich handeln möchte, zahlt dafür in der Regel mehr als jemand, der sich umweltschädlich verhält – ungeachtet der Kosten, die die Gemeinschaft infolge seines Verhaltens am Ende zu tragen hat. Doch was der Umwelt schadet, kommt die Allgemeinheit sehr viel teurer zu stehen als ökologisches Verhalten.

Mit der Einführung einer »Ökosteuer« war Ende der 1990er-Jahre der Versuch unternommen worden, dieses Dilemma aus der Welt zu schaffen. Die Idee: Umweltschädliches Verhalten sollte teuer werden. Doch die ökologische Reform des Steuerrechts hat kaum Wirkung: Trotz mehrerer Reformen, insbesondere in den Jahren 1999 bis 2003, stammt bis heute nur ein Bruchteil der Staatseinnahmen aus der sogenannten »Ökosteuer«. Noch immer machen sich ressourcenschonendes Verhalten, Energie-effizienz und Klimaschutz nicht bezahlt. Während der Staat seine Einnahmen überwiegend aus den Steuern und Abgaben für Ar-beit und Kapital bezieht, sind die Einnahmen aus dem Bereich, der am meisten Kosten verursacht, vergleichsweise niedrig: 2014 stammten laut Forum Ökologisch-Soziale Marktwirtschaft nur 4,9 Prozent des Geldes in den Staatskassen aus den Einnahmen aufgrund von Umweltbelastungen. Die Steuer, die auf Benzin, Diesel, Kerosin und andere fossile Energieträger erhoben wird, zeigt kaum Wirkung auf den Energieverbrauch.

Die fossilen Kostentreiber müssten steuerlich deutlich ver-teuert werden, um die wahren Kosten für ihren Verbrauch einzupreisen und damit die Ökosteuer als marktpolitisches In-strument Wirkung zeigt. Stattdessen geraten die erneuerbaren Energien durch die explizit auf den Stromrechnungen ausge-wiesenen, vermeintlich direkt zuordenbaren Kosten immer wei-ter in Verruf.

Doch der sprunghafte Anstieg der EEG-Umlage seit 2009 ist nicht nur dem Erfolg der erneuerbaren Energien geschuldet, sondern wurde durch die sogenannte Ausgleichsmechanismus-verordnung noch verstärkt. Die Verordnung hebt die Vorfahrt der erneuerbaren Energien im Stromnetz auf: Seit dem Sommer 2009 müssen konventionelle Kraftwerke nicht mehr gedrosselt werden, wenn genügend erneuerbare Energien erzeugt werden. Die Verordnung wurde unter dem damaligen Umweltminister Sigmar Gabriel erlassen und kam der fossilen Energiewirtschaft entgegen, ohne das EEG direkt auszuhebeln. Seitdem produziert Deutschland große Mengen an überschüssigem Strom, der ins Ausland exportiert wird und die Börsenstrompreise weiter sinken lässt – mit den bereits beschriebenen Folgen, dass die EEG-Umlage immer weiter steigt und die Stromnetze überlastet sind.

Die Einspeisevergütung fußt auf den Strukturen eines Marktes, der sich in den letzten anderthalb Jahrzehnten stark verändert hat. De facto wird durch das EEG zwar die Produktion erneuerbarer Energien erfolgreich gefördert – nur fehlt auf der anderen Seite der mindestens genauso wichtige Anreiz, keine fossilen Energien mehr einzuspeisen. Dieses Manko ist einer entscheidenden Veränderung geschuldet, die bei Einführung des EEG noch gar nicht abzusehen war und daher bei der Ausgestaltung nicht berücksichtigt wurde: Die erneuerbaren Energien sind nicht mehr nur als eine Energieform unter vielen zu behandeln – sie sind der Protagonist auf dem Energiemarkt der Zukunft.

Das Strommarktdesign für eine Energieversorgung aus erneuerbaren Energien unterscheidet sich ganz grundlegend von den Strukturen des herkömmlichen Energiemarkts, den wenige Monopolisten mit wenigen Großkraftwerken beliefern: Der neue Markt ist nicht nur demokratischer mit einer größeren Vielfalt an Marktakteuren, er ist auch sehr viel komplexer und erfordert mehr Flexibilität. Die Einführung der Flexibilitätsprämie im EEG 2012 berücksichtigte genau dies. Biogas- und Biomethananlagenbetreiber erhielten die Prämie für die Direktvermarktung, um den Anteil von flexibel einsetzbarem Gas in der Stromproduktion zu erhöhen. Sie wurde für zehn Jahre garantiert. Doch seitdem die Direktvermarktung Pflicht ist, ist von der Prämie nicht mehr viel übrig geblieben: Statt 130 Euro Prämie pro Kilowatt erhalten die Betreiber nun nur noch 40 Euro – und zwar nur, wenn sie ihre Durchschnittsleistung aus dem Vorjahr nicht überschreiten. Damit wird die Einspeisung von flexibel einsetzbarem Gas de facto nicht gefördert, sondern in einem vorhersehbaren Rahmen gehalten.

Grundsätzlich gilt: Durch die Ausrichtung auf erneuerbare Energien dreht sich das Angebot-und-Nachfrage-Prinzip auf dem Strommarkt um. Die Stromerzeugung folgt nicht mehr der Nachfrage, sondern das Angebot richtet sich an der schwankenden Verfügbarkeit von Wind- und Sonnenenergie aus. Wird viel Energie eingespeist, wird viel verbraucht oder gespeichert. Durch ein intelligentes Lastenmanagement könnten Waschmaschinen starten, Waren produziert oder Batterien aufgeladen werden, wenn viel Energie verfügbar ist. Wird wenig Energie eingespeist, greift man auf die zuvor gefüllten Speicher oder auf Blockheiz- oder Gaskraftwerke zurück, die gezielt nach Bedarf eingesetzt werden können.

Durch die Einsatzreihenfolge der Energieformen und den Merit-Order-Effekt sind es aber ausgerechnet die flexiblen Gaswerke, die aus dem Markt gedrängt werden, während Atom- und Kohlekraftwerke Überschuss produzieren, den Börsenstrompreis drücken und die EEG-Umlage in die Höhe treiben. Anders gesagt: Ausgerechnet jene Energieformen, die auf dem Strommarkt der Zukunft unerwünscht sind, sabotieren den Erfolg des EEG.

Das fossile Imperium führt zusätzlich einen unzutreffenden Vorwurf ins Feld: Strom würde für die Wirtschaft und für die Haushalte in Deutschland wegen der Erneuerbaren immer teurer. Die Einspeisevergütung für die erneuerbaren Energien grenze an Planwirtschaft, man müsse daher die garantierten Gewinne für die Anlagenbetreiber abschaffen und für mehr Markt in der Energiewirtschaft sorgen.

Dass das EEG angepasst werden musste, wenn es seinen ursprünglichen Zweck erfüllen soll, zeichnete sich schon seit längerem ab: Bei der Einführung waren weder die immer weiter sinkenden Preise für erneuerbare Energien noch die wachsenden Anforderungen an einen flexiblen und dezentralen Strommarkt absehbar gewesen und berücksichtigt worden.

Die Gesetzesnovelle, die 2014 beschlossen wurde, ist ein harter Rückschlag für die Energiewende: Seitdem wurden mehr Erneuerbare-Energien-Anlagen abgeregelt, als es in den Jahren 2009 bis 2013 in Summe der Fall war. De facto ist also der Vorrang der erneuerbaren Energien noch weiter aufgehoben worden. Künftig erhalten die Energieerzeuger keine Einspeisegarantie mehr und müssen ihren Strom selbst an der Börse vermarkten. Das stand ihnen zuvor frei, mittlerweile ist die Direktvermarktung Pflicht. Für viele kleinere Marktakteure aus dem Ökostromsegment ist das eine Überforderung, während größere Direktvermarkter davon profitieren, Angebote zu bündeln, und es sich leisten können, die Vermarktung größerer Energiemengen zu professionalisieren.

Damit nicht genug, sieht nun auch die Reform des Gesetzes von 2016 vor, die Förderungen für erneuerbare Energien auf Ausschreibungen umzustellen. Dabei wird ein bestimmtes Mengenziel vorgegeben, die Energieerzeuger geben Angebote ab, und die günstigste Offerte erhält den Zuschlag. So sollen die Energiepreise sinken und der Wettbewerb gefördert werden. Es ist allerdings zu bezweifeln, dass dieses Ziel erreicht wird: Gefördert werden mit den Ausschreibungen nur die großen Marktakteure, nicht die kleinen Anlagenbetreiber. Auch verhindert die neue Regelung eine unerwartet hohe Einspeisung erneuerbarer Energien, wie sie bei Einführung des EEG überraschenderweise möglich war – wer Vorgaben setzt, die erreicht werden sollen, und ausschließlich hierfür Zuschläge erteilt, schreibt den Ausbau genau vor. Er ruft in der Regel auch strategische Bieter auf den Plan, die die Preise beeinflussen. Hinzu kommt: Es gibt beim Ausschreibungsverfahren keine Garantien dafür, dass die erteilten Zuschläge am Ende auch tatsächlich mit den eingespeisten Energiemengen korrelieren. Mit freien Marktstrukturen, wie sie durch die Novellierung vermeintlich angestrebt werden, hat das neue Verfahren wenig zu tun: Niemand wird quantitativ übers Ziel hinausschießen oder gar preisliche Überraschungen erleben.

Schon gar nicht wird damit die so dringend notwendige Flexibilisierung des Marktes erzielt: Weder wird der ungebremste Ausbau der erneuerbaren Energien gefördert noch die Umgestaltung des Strommarktdesigns hin zu partizipativen, dynamischen, flexiblen Strukturen vorangetrieben. Stattdessen begünstigt die Gesetzesnovelle von 2016 große Anbieter und schafft Risiken, die für Energiegenossenschaften oder Bürgerwindparks viel zu groß sind. Die in den letzten Jahren gewachsene Vielfalt der Akteure am Markt – die größte, die wir je hatten – wird wieder abnehmen, die Zahl der Marktstrategen zunehmen. Die neue Gesetzgebung bremst die Erneuerbaren aus, anstatt sie zu befördern: Das EEG in seiner jetzigen Form läuft allen Zielen der Energiewende zuwider.

Es ist schon jetzt absehbar, dass der gewünschte Effekt, für mehr Wettbewerb auf dem Energiemarkt zu sorgen, durch die Novellierung von 2016 nicht eintreten wird. Ebenso absehbar ist auch der Vorwurf, der dem novellierten EEG in seiner jetzigen

Form gemacht werden wird: Planwirtschaft funktioniere eben nicht, es brauche mehr Markt. Dabei sind die Ausschreibungen selbst nichts anderes als Planwirtschaft, welche die alten Groß-systeme erhält, anstatt Anreize für das Strommarktdesign der Zukunft zu schaffen.

Wenn Deutschland seine Klimaziele erreichen will, muss die Energieversorgung so schnell wie möglich umgestellt werden. Es wäre ein Leichtes, die richtigen Anreize zu schaffen: Um-weltbelastung deutlich verteuern, Energieeffizienz belohnen, erneuerbare Energien fördern. An nichts anderem sollten sich die Rahmenbedingungen für eine sichere Energieversorgung aus erneuerbaren Quellen orientieren. Die erneuerbaren Ener-gien müssen in den Mittelpunkt des Strommarktdesigns gerückt und eine Flexibilisierung des Marktes geschaffen werden. Dazu braucht es größtmögliche Akteursvielfalt, dezentrale Netze, ein kluges Energiemanagement und Speicher, die Schwankungen auffangen und Versorgungssicherheit gewährleisten.

Der Einigung auf den Klimaschutzplan 2050 müssen zeitnah konsequente Taten folgen – jeder Aufschub gefährdet das Errei-chen der Klimaziele, Verzögerungen durch die Interessenver-treter der Industrie sind Gift für die Energiewende. Wer eine Öko-Diktatur befürchtet, übersieht, dass der Klimaschutzplan und seine Ziele Ergebnis eines sehr mühsamen demokratischen Abstimmungsprozesses sind. Wer die konsequente Umsetzung der Energiewende gefährdet, gefährdet die Demokratie.

Die Klimapolitik muss dem eklatanten Unterschied zwischen den Strompreisen für die Verbraucher und den gesamtgesell-schaftlichen Stromkosten Rechnung tragen, damit die Wirtschaft sich klar daran ausrichten kann: Einen freien Energiemarkt wird es erst dann geben, wenn einzig und allein die Klimaschutzziele das ausschlaggebende Kriterium für die klare und eindeutige Ausgestaltung der gesetzlichen Regularien sind.

Doch die wahren Kosten für unseren Energieverbrauch werden nicht nur durch das aus den Steuern und Abgaben resultierende Ungleichgewicht auf nationaler Ebene verschleiert. Auch in größerem Zusammenhang schlagen die finanziellen Lasten, die aus der Belastung der Umwelt resultieren, viel zu wenig zu Buche: bei den CO_2-Emissionen. Auch bezüglich der Kohlenstoffemissionen liegt es klimapolitisch nahe, sich am Verursacherprinzip zu orientieren: Wer viel Schaden verursacht, trägt die Kosten.

Als weltweit erstes nationenübergreifendes System wurde 2005 in Europa das Emission Trade System (ETS) eingeführt. Um den Schadstoffausstoß der europäischen Länder zu begrenzen, wurde die zulässige Gesamtmenge an Kohlenstoffemissionen festgelegt, und Emissionsrechte wurden vergeben. Dann wurden Zertifikate verteilt. Das ETS sah vor, dass Unternehmen, die wenige Emissionen verursachen, ihre Zertifikate an Unternehmen mit größeren Schadstoffmengen verkaufen konnten. Angebot und Nachfrage sollten über den Preis der Zertifikate bestimmen. So sollten wirtschaftliche Anreize für umweltschonendes Verhalten geschaffen werden.

Doch der Emissionshandel scheiterte schon bei seiner Einführung 2005. Erstens wurden viel zu viele Zertifikate ausgestellt. Und zweitens wurde diese viel zu große Menge an Zertifikaten – auf Betreiben der über die finanziellen Belastungen klagenden Wirtschaftsvertreter – nicht versteigert, sondern verschenkt. Am Ende preisten die Unternehmen die Zertifikate zwar ein, zahlten aber nichts dafür – mit dem Ergebnis, dass sie höhere Gewinne machten, ohne auch nur eine Tonne CO_2 einzusparen.

Inzwischen ist ein Jahrzehnt vergangen und der Preis für CO_2 mit fünf Euro pro Tonne viel zu niedrig: Um sich nicht nur marktwirtschaftlich auszuwirken, sondern auch klimapolitisch Wirksamkeit zu zeigen, müsste der Preis bei mindestens 40 Euro pro Tonne liegen – und zwar idealerweise nicht nur in Europa, sondern überall auf der Welt. Immerhin liegen die realen Kosten für Kohlendioxid nach Angaben des Umweltbundesamtes bei etwa 80 Euro. Ein angemessener globaler Preis für CO_2 würde den Kohleausstieg sehr beschleunigen. Der Bundesverband Erneuerbare Energie (BEE) schlägt vor, erst einmal eine Kohlendioxidsteuer einzuführen, die den Preis pro Tonne schon um etwa 20 Euro erhöhen würde. Im Gegensatz zur bisherigen Stromsteuer würde eine solche CO_2-Steuer alle Energiebereiche abdecken, nämlich neben dem Strom auch Wärme und Mobilität.

Doch nicht nur über den Preis wäre eine Reduzierung der Emissionswerte möglich: Auch klar definierte CO_2- und Feinstaub-Grenzwerte helfen, den Schadstoffausstoß zu begrenzen. Besonders gut greift diese Regulierung, wenn die umweltschädlichen Belastungen so hoch sind, dass die Luft zum Atmen knapp und der Handlungsbedarf offensichtlich wird.

In den USA hat man in Obamas Regierungszeit mittels klarer Grenzwerte bereits sehr konsequent von Kohle auf Gas umgestellt. Klar ist: Wer jetzt die Kohleindustrie wieder erstarken lassen will, wird mit Widerstand aus der Gasindustrie rechnen müssen. Es bleibt abzuwarten, wie weit die Regierung unter Trump zurückrudert und inwiefern staatliche Regulierungen Märkte verändern und steuern können. Abzuwägen sind dabei nicht nur die Interessen der Verlierer und der Gewinner der globalen Energiewende, sondern vor allem auch die volkswirtschaftlichen Belastungen und wirtschaftlichen Chancen, die sich aus einer zukunftsgewandten Klimapolitik ergeben. Im Idealfall werden nicht nur die richtigen klimapolitischen Weichen gestellt, sondern auch die richtigen marktwirtschaftlichen Rahmenbedingungen geschaffen.

Wer CO_2-Zertifikate ausstellt und verschenkt, unterläuft alle Regeln des Wettbewerbs. Wer per Ausschreibung Mengen vorschreibt und Zuschläge vergibt, schafft keinen freien Markt, sondern eine staatliche Planwirtschaft, die der Vielfalt der Marktakteure schadet und mächtige Akteure mit strategischem Geschick stärkt. Unterm Strich schadet das der Energiewende – und wer eine solche Klimapolitik für verfehlt hält, hat recht: Das EEG und der Emissionshandel in ihrer jetzigen Form sind eine Katastrophe. Doch der Fehler liegt nicht etwa in einer von oben verordneten, allen Marktakteuren aufgepfropften Energiewende. Der Fehler liegt vielmehr in der absurden Anwendung der klimapolitischen Instrumente: Ausgerechnet jene Maßnahmen, die durchgesetzt wurden, um – wie es hieß – den Wettbewerb auf dem Energiemarkt zu befeuern, haben zum größtmöglichen Grad an Planwirtschaft in der Geschichte der deutschen Energiewende geführt.

Die letzten EEG-Novellen konterkarieren das ursprüngliche Ziel der Energiewende: dass auf dem Energiemarkt der Zukunft jeder zum Stromproduzenten werden und Energie in das deutsche Netz einspeisen kann. Ausschreibungsverfahren in Frankreich und Italien haben bereits gezeigt, dass sie keinen senkenden Effekt auf die Strompreise haben. Der Effekt ist ein ganz anderer: Wenn Mengen ausgeschrieben werden und das günstigste Angebot gewinnt, bringt das für die Teilnehmer an der Ausschreibung hohe Investitionen in Gutachten und Planung mit sich – bei großem Risiko, am Ende leer auszugehen. Für die großen Akteure ist der Umgang mit Risikokapital kein Problem, doch die wenigsten Energiegenossenschaften können sich Verluste leisten. Folgerichtig ist die Neugründung von Bürgerenergiegenossenschaften bereits signifikant zurückgegangen.

Ausschlaggebend für die jetzige Ausgestaltung des EEG war ausgerechnet jener Konstruktionsfehler, der eigentlich ausgemerzt gehört hätte: dass das Festhalten an den fossilen Energien die Umlage in die Höhe treibt und durch die Kopplung an den Börsenstrompreis die sinkenden Strompreise für den Verbraucher überhaupt nicht spürbar werden. Stattdessen wird zugunsten der fossilen Energiewirtschaft novelliert – angesichts des großen Erfolgs der erneuerbaren Energien wollen jetzt die großen Konzerne in das Energiewende-Geschäft einsteigen. Und so wird auf Betreiben der Konzernlobbyisten die Bürgerenergiewende für beendet erklärt. Die so erfolgreich begonnene und in so vielen anderen Ländern kopierte Energiewende wird aber nicht nur klimapolitisch sabotiert, sondern auch noch zum sozialpolitischen Sündenbock gestempelt: Die hohen Kosten für die Energiewende, so der Vorwurf, würden zur sozialen Verelendung ganzer Kreise der Gesellschaft führen.

FAKT: Soziale Verelendung hat viele Ursachen – zu denen der Strompreis am allerwenigsten beiträgt. Wer soziale Gerechtigkeit will, muss Armut bekämpfen – und nicht die Energiewende. Denn das größte Risiko für Energiearmut ist: Armut.

Es sind erschütternde Bilder: In Großbritannien erfrieren alte Menschen in ihren Häusern, weil sie es sich nicht leisten können zu heizen. In Spanien sterben frierende Menschen vor Kälte an Lungenentzündung. In Deutschland müssen einkommensschwache Familien ihre Wohnungen verlassen, weil sie die nach der energetischen Sanierung des Gebäudes erhöhte Miete nicht mehr aufbringen können. Alleinerziehende Mütter und ihre Kinder können kein warmes Essen mehr zubereiten und sitzen im Dunkeln, weil der Strom abgestellt wurde, nachdem sie die immer teureren Rechnungen nicht mehr begleichen konnten.

Die Bilder von sozialer Verelendung aufgrund mangelnder Energieversorgung haben vor allem eine Botschaft: Die Energiewende mache Menschen arm, Strom, Heizung und Warmwasser würden unbezahlbar, die Kostenexplosion ende für viele sogar tödlich. Man könne aus Umweltschutzgründen keine Kältetoten in Kauf nehmen, eine sozial verträgliche Energiewende sei undenkbar.

Doch müssen wir uns tatsächlich zwischen Umweltschutz und sozialer Fürsorge entscheiden? Ist die Energiewende wirklich für so viele Menschen eine Armutsfalle? Wie ist es möglich, dass ein kausaler Zusammenhang zwischen Energiearmut und Klimapolitik besteht?

Noch gibt es keine klare Definition für das Phänomen der Energiearmut, doch verzeichnet das Statistische Bundesamt eine wachsende Anzahl von Haushalten in Deutschland, die mehr als 10 Prozent ihres Einkommens für Energie ausgeben: 6,9 Millionen im Jahr 2011. Das waren 17 Prozent aller Haushalte und damit mehr als jeder sechste deutsche Haushalt. Der Deutsche Mieterbund schätzte 2013, dass sich etwa 100 000 Menschen ihre Wohnung aufgrund der Mietererhöhungen im Zuge energetischer Sanierungen nicht mehr werden leisten können.

Das Argument der Energiearmut bringen gerade jene regelmäßig vor, die sich sonst nur ungern mit sozialen Fragen auseinandersetzen. War es früher an erster Stelle die FDP, spricht sich heute vor allem die AfD aus sozialpolitischen Gründen vehement gegen die Energiewende aus: Eine planwirtschaftlich durchgesetzte Energiewende und deren immense Kosten für alle Haushalte würden abgelehnt, man bekenne sich zur sozialen Verantwortung in der Marktwirtschaft.

Es ist richtig, dass die Privathaushalte unverhältnismäßig stark belastet werden. Allerdings ist daran nicht die Energiewende schuld, sondern es sind die fossilen Energien, die hohen Netzentgelte, die Preispolitik der Energieanbieter sowie die Befreiung der energieintensiven Unternehmen von der EEG-Umlage.

Bis der Strom in Privathaushalten tatsächlich abgestellt wird, muss übrigens eine ganze Menge passieren: In der Regel sind die Betroffenen schon länger im Zahlungsrückstand, haben auf wiederholte Zahlungsaufforderungen nicht reagiert und auf die Beratung einer Schlichtungsstelle verzichtet. Im europaweiten

Vergleich ist der Anteil der Haushalte, die ihre Energierechnung nicht begleichen können, in Deutschland am niedrigsten und liegt mit 4 Prozent deutlich unter dem Durchschnitt von 9 Prozent: In Italien sind 12, in Irland 15 und in Bulgarien 31 Prozent der Haushalte betroffen. Auch ist die Energieversorgung in Deutschland keineswegs persönlicher Luxus: Die Stromkosten für einkommensschwache Haushalte mit Anspruch auf staatliche Unterstützung übernimmt zu größten Teilen das Amt.

Die Aufklärung der Verbraucher lässt in Sachen Energie zu wünschen übrig: Die wenigsten nehmen eine Energieeffizienzberatung in Anspruch, die für einkommensschwache Haushalte kostenlos erfolgt. Und die meisten haben noch nie ihren Stromanbieter gewechselt und verbleiben im Grundversorgungstarif, der vergleichsweise teuer ist.

Selbstverständlich ist Energiearmut dramatisch. Sie trifft die Ärmsten der Gesellschaft, die Alten, die Alleinerziehenden, die Armen. Allerdings ist die Ursache dafür, dass viele Menschen sich ihre Energieversorgung kaum noch leisten können, nicht die Energiewende, sondern eine Politik, die daran scheitert, für soziale Gerechtigkeit zu sorgen. Wo es keinen bezahlbaren Wohnraum gibt, Altersarmut und Kinderarmut zunehmen und Menschen ihren Lebensunterhalt nicht mehr mit Erwerbsarbeit bestreiten können, braucht es andere Lösungen als vermeintlich billigen Kohle- und Atomstrom.

Strom und Energie werden in Zukunft immer teurer werden, wenn wir nicht umsteuern. Der Umbau der Energiewirtschaft und des Strommarkts, die neuen Infrastrukturen und neuen Gebäude werden zwar in den nächsten Jahren große Investitionen erfordern – allerdings verursachen gerade fossile und konventionelle Energien dauerhaft hohe Kosten.

Für viele Menschen lebensbedrohlich werden die Klimawandelfolgen sein, wenn sich die globale Temperatur weiter im bisherigen Ausmaß erhöht. Extremwetterereignisse, Dürren, Überschwemmungen oder Stürme werden die Ärmsten härter treffen als anpassungsstärkere wohlhabende Nationen und Bevölkerungsschichten, in Deutschland wie im Rest der Welt. Hitze- und Kälteperioden werden die Schwächsten der Gesellschaft härter treffen als die Starken und Gesunden.

Besonders ungerecht: Wer wenig hat und wenig konsumiert, verbraucht nur wenige Ressourcen, trägt in der Regel wenig zum Klimawandel bei und hat meist nur einen sehr kleinen Klimafußabdruck. Die Ärmsten verbrauchen am wenigsten und tragen die größte Last am Energieverbrauch der anderen.

Dennoch wird immer wieder versucht, die Energiewende mit dem Hinweis auf die ungerecht verteilte Kostenlast auszubremsen. Mitten im fortschreitenden Klimawandel ist eine Bewegung entstanden, die den technologischen Fortschritt in Sachen erneuerbare Energien als Ursache für Umweltschäden und soziale Ungerechtigkeit ausmacht. Die Verfechter der »Vernunftkraft« sind Energiewende-Gegner, die gegen die »Verspargelung« der Landschaft und für den Schutz der Wildvögel antreten. Diese selbst ernannten Umweltschützer wollen den Menschen im Mittelpunkt aller energiepolitischen Maßnahmen sehen: Windkraft schade der Natur und unserer Gesundheit, die Energiewende gefährde Arbeitsplätze – und fördere Energiearmut. Schaut man genau hin, geht es im Wesentlichen meist darum, dass man kein Windrad vor der eigenen Tür haben möchte – trickreich vertuscht, indem man sich alle Argumente *für* die Energiewende zu eigen zu macht und im Umkehrschluss *gegen* die Energiewende richtet.

Soziale Verelendung hat viele Ursachen, doch der Strompreis trägt am wenigsten dazu bei. Das größte Risiko für Energiearmut ist nicht die Energiewende. Das größte Risiko für Energiearmut ist: Armut.

FAKT: International sind die deutschen Klimapioniere zwar mit gutem Beispiel vorangegangen, auf dem globalen energiepolitischen Feld aber längst nicht mehr allein. Die Energiewende ist weltweit ein Erfolgsmodell und Deutschland das *Role Model* für viele andere Länder. Trotzdem ist Deutschland schon längst kein Energiewende-Vorreiter mehr. Im Gegenteil: Es sind deutsche Politiker, die in Brüssel die erneuerbaren Energien blockieren und europäische Emissionsgrenzwerte sabotieren. Zum wahren Energiewende-Vorreiter ist inzwischen Skandinavien geworden – mit großem wirtschaftlichen Erfolg.

Kein anderes Land ist so deutlich in Sachen Ausbau der erneuerbaren Energien vorangeschritten wie Deutschland, das international als Vorreiter und Pionier der Energiewende gilt. Das weltweite Interesse am deutschen Projekt war von den Umweltschutzanfängen in den 1980ern bis hin zum Energiewende-Beschluss 2011 groß, man blickte fast ein wenig ungläubig nach Deutschland: Konnte das wirklich funktionieren? Oder waren die Deutschen verrückt geworden? Neben der teilweise geradezu euphorischen Stimmung in Deutschland und der Welt war auch die Skepsis in- und außerhalb Deutschlands groß: Deutschland isoliere sich mit seinem klimapolitischen Alleingang und gerate so ins internationale Abseits, so die Befürchtung.

Schnell zeichnete sich ab: Weder sorgten die erneuerbaren Energien für Blackouts, noch musste Deutschland große Mengen Atomstrom aus dem Ausland importieren. Im Gegenteil: Obwohl auf einen Schlag sechs Atommeiler abgeschaltet wurden, produzierte Deutschland Strom im Überfluss. Der Export stieg an. Gerade um die Mittagszeit, wenn viel Energie gebraucht wird und die Preise an den Strombörsen steigen, verkauft sich der günstige Strom aus deutschen Photovoltaikanlagen gut. Von einer Gefährdung der Stromversorgung konnte keine Rede sein: Ausgerechnet der Energiewende-Vorreiter sichert die Grundlast jener Nachbarländer, die auf konventionelle Energien setzen.

Seit der Liberalisierung der Energiemärkte 1998 handeln alle EU-Staaten miteinander und nutzen dieselbe, länderübergreifende Infrastruktur. Doch der Energie-Mix selbst ist Ländersache – was immer wieder zu Konflikten über die Ausrichtung der Energiepolitik in den einzelnen Ländern führt. So wurde Deutschland vorgeworfen, die Folgen der deutschen Energiewende für die EU nicht mitbedacht zu haben und durch die Überlastung der Netze die Versorgung in den Nachbarländern zu gefährden.

Obwohl inzwischen ein internationaler Konsens über die globalen Klimaziele erzielt wurde, ist das Konfliktpotenzial in der EU groß. Über den Energie-Mix der Zukunft herrscht Uneinigkeit: Manche EU-Staaten setzen auf Atomenergie, um ihre CO_2-Emissionen zu mindern. Frankreichs Energieversorgung basiert ganz wesentlich auf Kernenergie, mit der auch geheizt wird. Großbritannien, das traditionell auf die großen Kohlevorkommen des Landes setzte, versucht, die CO_2-Emissionen durch den Neubau von Atomkraftwerken zu senken. Auch die Niederlande sehen keinen Bedarf, aus der »sauberen« Atomenergie auszusteigen, während beispielsweise Italiens Energieversorgung ohnehin ohne Kernenergie auskommt – angesichts der vielen Erdbeben, die das Land in letzter Zeit erschüttert haben, ein wahrer Segen.

Deutschland ist nicht der einzige EU-Staat, der den Atomausstieg befürwortet: Auch Dänemark, Österreich und Schweden beziehen klar Stellung gegen die Nuklearenergie und arbeiten an einer CO_2-freien und effizienten Energieversorgung, die ohne Atomstrom auskommt. Von Dänemark hat Deutschland sich das zunächst so erfolgreich eingeführte EEG, das in vielen anderen europäischen Ländern kopiert wurde, abgeguckt und in dem Land ein Vorbild in Sachen Windenergie-Technologien gefunden.

Nicht erst seit den Weltklimakonferenzen in Paris und Marrakesch hat Deutschland europäische und internationale Mitstreiter für den Klimaschutz. In Sachen erneuerbare Technologien steht Deutschland längst nicht mehr allein da, sondern in globalem Wettbewerb und ist selbst zum Vorbild geworden.

Im norddeutschen Bremerhaven, das seit Jahren in Infrastrukturen für Offshore-Energien auf hoher See investiert, empfängt man regelmäßig Gäste aus aller Welt. Delegationen aus Schottland, Südkorea, Vietnam oder Fukushima wollen in Erfahrung bringen, wie weit die Offshore-Technologien an der Nordsee vorangeschritten sind. Es gab zwischenzeitlich mehr ausländische Investoren, die ihr Kapital nachhaltig investieren wollten, als Projekte. 2013 arbeiteten bereits 10 Prozent aller Beschäftigten in Bremerhaven in der Windenergie-Branche. Ein echter Energiewende-Erfolg.

Doch in den letzten vier Jahren sind die erneuerbaren Energien Opfer ihres eigenen Erfolgs geworden. Angesichts des rasant gewachsenen Anteils an erneuerbaren Energien im deutschen Strom-Mix ist ein erbitterter Verteilungskampf entbrannt. Schließlich schlagen sich die Marktanteile und Förderungen der erneuerbaren Energien bei den großen Energiekonzernen als Verluste nieder. Der Kurs hat sich geändert, und Bremerhaven muss um seine Investitionen fürchten. Der Sinneswandel der Politik in Bezug auf erneuerbare Energien und die Offshore-Windenergie bremst den Fortschritt der deutschen Technologie. Inzwischen läuft Großbritannien Deutschland den Rang als Offshore-Vorreiter ab.

Und noch in anderer Hinsicht hat Deutschland in den letzten vier Jahren seine Vorbildfunktion verloren: Ausgerechnet in Deutschland war der CO_2-Ausstoß nach Fukushima zunächst gestiegen. Hinzu kommt der deutsche Umgang mit dem EU-Emissionshandel. Obwohl man in Brüssel über so vieles streitet, ist man sich angesichts der internationalen Klimaziele doch in einem einig: Der europäische Emissionshandel kann nur funktionieren, wenn es weniger Zertifikate gibt und der Preis für CO_2 steigt (siehe Postfakt 8). Doch die notwendige Reform des EU-Emissionshandels nach jahrelanger Blockade durch die deutschen Abgeordneten ist unzureichend. In Deutschland wurde der Emissionshandel gerade zu Beginn sabotiert: Zertifikate wurden verschenkt, viel zu viele ausgestellt und so der Preis gedrückt. Die Folge: Viele energieintensive Unternehmen haben bis heute kein einziges Zertifikat erwerben müssen. Die größten Profiteure der niedrigen CO_2-Preise sind alte, bereits abgeschriebene Braunkohlekraftwerke.

So haben sich die Befürchtungen um Deutschlands klimapolitischen Alleingang in den letzten Jahren erledigt: Das Land nimmt in Sachen Energiewende international keine Vorreiterrolle mehr ein. Die deutsche Energiewende steht nicht im Abseits, weil sie auf nationalem Level nicht funktionieren würde, sondern weil sie im eigenen Land ins Abseits gedrängt wird.

Dabei könnte eine konsequente, zügige und erfolgreiche deutsche Energiewende aktuelle geopolitische Risiken mindern und der weltweiten Klimapolitik weit über die Grenzen der EU hinaus förderlich sein. Ein Scheitern der deutschen Energiewende hingegen wird sich negativ auf eine gemeinsame europäische Energiewende auswirken – und Öl auf das Feuer der Kritiker, der Kohle- und Atombefürworter sein. Das gilt umso mehr, als seit 2014 Miguel Arias Cañete EU-Kommissar für Klimaschutz und Energie ist. Der Spanier gilt als Interessenvertreter der Erdölindustrie. Seine Frau, sein Sohn und sein Schwager halten weiterhin Anteile an und besetzen Vorstandsposten bei jenen Erdölfirmen, deren Präsident er viele Jahre war. 2011 genehmigte Arias Cañete als spanischer Minister für Landwirtschaft, Ernährung und Umweltschutz die Suche nach Öl und Gas durch Fracking und bremste die erneuerbaren Energien aus. 2013 verabschiedete die spanische Regierung ein Gesetz, dass die Förderung von Solaranlagen drastisch zurückfuhr und sie sogar rückwirkend minderte. Die Energiekonzerne wurden von den Rückzahlungen ausgenommen, doch für viele private Investoren bedeutete das enorme Verluste. Dabei hatte die Regierung ihnen Investitionssicherheit garantiert und in breit angelegten Kampagnen jahrelang für den Betrieb von Solaranlagen geworben.

Es sieht insofern doppelt schlecht aus für die europäische Energiewende: Das deutsche Vorzeigemodell droht zu scheitern, und auch die EU-Klimapolitik weist kaum in Richtung erneuerbarer Energien. Nicht Deutschland droht ins Abseits zu geraten, sondern die Energiewende selbst.

Dabei steht der internationale Klimakurs fest: Selbst wenn die USA unter Präsident Trump von den auf den Weltklimakonferenzen in Paris und Marrakesch vereinbarten Zielen zurücktreten, gibt es in den allermeisten Nationen der Welt handfeste Gründe für einen engagierten Ausbau der erneuerbaren Energien – auch wenn die Motive nicht überall auf der Welt die gleichen sind und die Energiewende-Vorhaben sehr unterschiedliche Ausprägung haben.

So zeigt sich in den skandinavischen Ländern, dass Umweltschutz und Wirtschaft kein Widerspruch sein müssen: In Dänemark, das als allererstes Land ein EEG beschlossen hatte, ist man inzwischen auf einem guten Weg, bis 2020 50 Prozent des Energiebedarfs aus Windenergie, Biogas und Biokraftstoffen zu decken. Importierte das Land bis in die 1970er-Jahre noch 99 Prozent der Energie, so übersteigt die Produktion inzwischen den Bedarf. Norwegen deckt rund 99 Prozent seines Strombedarfs durch Wasserkraft und verzichtet auf Nuklearenergie, gehört aber zu den weltweit führenden Erdöl- und Erdgasproduzenten. Investiert wird in Windenergie und Solarkraft. Schweden bestreitet knapp 40 Prozent seines Bedarfs aus erneuerbaren Energien, setzt aber nach wie vor intensiv auf Atomstrom. Der Staatskonzern Vattenfall investiert hier ausschließlich in den Ausbau der Erneuerbaren – finanziert mit den Erträgen aus der Braunkohleförderung in Deutschland. In Finnland stammt der Großteil der Energie aus Kernkraft, doch Neubauten stehen inzwischen heftig in der Kritik, und die Befürworter einer Energiewende setzen auf Biomasse.

Innerhalb der G7-Staaten hat Deutschland nach wie vor eine Sonderstellung – keiner der anderen sieben Mitgliedsstaaten ist die Energiewende so engagiert angegangen. In Großbritannien zum Beispiel versteht man unter »Energiewende« vor allem Klimaschutz und CO_2-Reduktion: Zwar gibt es eine Einspeisevergütung für erneuerbare Energien, aber britische Umweltschützer plädieren für Atomkraft, und der Neubau von Atomkraftwerken wird staatlich gefördert. Wichtiger als Kohle ist hier der fossile Brennstoff Gas: Das Fracking-Verbot wurde aufgehoben, das gefährliche Verfahren soll für die Förderung von Schiefergas Anwendung finden.

Auch in den USA bedeutete »Energiewende« bislang vor allem die Förderung von Schiefergas durch Fracking-Verfahren. Zwar gibt es Unterschiede zwischen den einzelnen Bundesstaaten: In Texas setzt man – außer auf Öl – auf Solarkraft, auch in Kalifornien baut man erneuerbare Energien wie Wind und Sonne aus und bestritt bereits 2010 ein Fünftel des Strombedarfs aus erneuerbaren Quellen. Doch verbindliche Klimaschutzziele oder eine Energiewende wurden für die USA nicht beschlossen. Unter der neuen Regierung ist nun ein Rückschritt in Richtung fossile Energien und vor allem Kohle zu befürchten.

Im Nachbarland Kanada wird zwar Umweltschutz betrieben, für eine echte Energiewende reicht es aber nicht. Das ressourcenreiche Land zählt zu den Staaten mit dem weltweit höchsten CO_2-Ausstoß, die Emissionen stiegen trotz anderslautender Vereinbarungen immer weiter. Kanada trat von den internationalen Klimaschutzzielen bisheriger Vereinbarungen wie dem Kyoto-Protokoll zurück – mit der Begründung, dass die USA und China das Abkommen nicht mittragen würden. Gleichzeitig entging man auf diese Weise den Strafzahlungen, die dem Land angesichts der weit übertretenen Emissionswerte gedroht hätten.

In Japan schaltete man nach der Katastrophe in Fukushima zunächst alle Kernkraftwerke des Landes ab – und drosselte den

Energieverbrauch gezwungenermaßen enorm, mit zum Teil sehr einfachen Maßnahmen: Hotels und Büros wurden nicht mehr so massiv klimatisiert, im Zuge der Kampagne »Cool Biz« zogen Manager und Angestellte ihre Krawatten und Jacketts aus. Dennoch kehrte man nur wenige Jahre nach Fukushima zur Atompolitik zurück. Daneben arbeitet man am Ausbau der Solarenergie, während Windenergie allenfalls als Offshore-Technologie infrage kommt.

Frankreich ist die zweitgrößte Atomnation der Welt. Knapp 80 Prozent des französischen Stroms stammen noch immer aus der Kernenergie, eine ernsthafte Energiewende ist nicht in Sichtweite – auch wenn man beschlossen hat, den Anteil von Atomstrom deutlich zu senken. Obwohl man die erneuerbaren Energien grundsätzlich begrüßt, wurde bislang kaum etwas unternommen, um den Ausbau voranzutreiben.

Italien ist in Sachen Atomenergie das Gegenteil von Frankreich, importiert aber bislang Atomstrom von den Nachbarn. Hier findet der größte Zubau an Photovoltaikanlagen in Europa statt, ein EEG wurde etabliert. Statt Atomstrom aus Frankreich will man künftig Windenergie aus Deutschland importieren und im Gegenzug Solarkraft exportieren. Trotz großer Proteste gegen die Kosten der Energiewende werden Energieeffizienz und die energetische Sanierung von Altbauten staatlich gefördert.

Mit Blick auf das globale Klima sind auch die BRICS-Staaten interessant, fünf aufstrebende Länder mit großem Wirtschaftswachstum, großen Ressourcen und einem großen Energiehunger. Neben Brasilien sind das Russland, Indien, China und Südafrika.

In Brasilien wächst mit der Wirtschaft auch der Energieverbrauch. Wichtigste Energiequelle ist Erdöl, der Strom kommt überwiegend aus Wasserkraftwerken. Erklärtes Ziel ist es, energieautark zu werden. Atomstrom spielt keine Rolle: Ein einziges Atomkraftwerk liefert 3 Prozent des brasilianischen Stroms. Um den Ausbau der erneuerbaren Energien zu fördern, wurde eine Art EEG eingeführt, das Photovoltaik auf Dächern fördert. Das Potenzial für Solarenergie ist groß, aber auch für Wind und Bioenergie sind die Voraussetzungen gut. Nach den USA ist Brasilien wegen seines Zuckerrübenanbaus zweitgrößter Bioethanolproduzent der Welt.

Mit der UN-Klimakonferenz in Kopenhagen 2009 kam auch in Russland eine Diskussion über Klimaschutzpolitik und Energieeffizienz in Gang. Noch immer ist das Land zu großen Teilen vom Verkauf fossiler Energien abhängig. Obwohl es durchaus ein Bewusstsein für die Notwendigkeit einer Energiewende gibt, spielen erneuerbare Energien eine untergeordnete Rolle und werden kaum gefördert. An konkreten und umfassenden Maßnahmen für Klimaschutz und Emissionsvermeidung fehlt es.

Indien nutzt bislang vor allem fossile Energiequellen, um den Energiebedarf zu decken: Kohle (als wichtigsten Energieträger), Erdöl und Erdgas. Daneben spielt der Atomstrom eine untergeordnete Rolle. Die erneuerbaren Energien wachsen – mit Wasserkraft als wichtigster Quelle –, machen aber bislang nur einen kleinen Anteil am Energie-Mix aus. Investiert und gefördert wird hier vor allem in Solarenergie, die insbesondere in strukturschwachen Regionen die Energieversorgung sichern kann.

In allen BRICS-Staaten ist das Wachstum bislang wichtiger gewesen als Klimaschutz oder Energieeffizienz. Doch ausgerechnet in China, wo ein Viertel der weltweiten CO_2-Emissionen verursacht wird, ändert sich das gerade. Bislang berief man sich darauf, dass man das gleiche Recht auf ungebremstes Wachstum hätte wie die reichen Industrienationen. Doch aufgrund der schon jetzt spürbaren Schäden für die Umwelt, der dreckigen Luft und des verunreinigten Grundwassers, investiert inzwischen kein anderes Land mehr in die Entwicklung erneuerbarer, sauberer Energien als China. Doch nicht nur aus Umweltschutzgründen, auch um sich von Energieimporten unabhängig zu machen, setzt man auf Photovoltaik und Windenergie. Sollten die USA sich von den internationalen Klimazielen distanzieren, könnte der einstige Klimasünder China einer der wichtigsten globalen Klimaschutzpartner und Energiewende-Treiber werden.

Südafrika, der fünfte der BRICS-Staaten, ist der Wirtschaftsmotor Afrikas. In puncto Energie verlässt man sich auf die einheimische Kohle und ist einer der 15 weltweit größten Verursacher von Treibhausgasen. Gleichzeitig ist das Land schon jetzt stark vom Klimawandel betroffen. Dürren, Überschwemmungen und andere Wetterextreme sind häufig, es drohen Hungersnöte. Südafrika gehört zwar zu den Unterstützern der internationalen Klimaziele, macht aber in seinem eigenen Klimaplan nur sehr vage Angaben über die Minderung der Emissionen im Zeitraum bis 2030. Erneuerbare Energien haben hier allerdings großes Potenzial, vor allem Sonne und Wind sind im Überfluss vorhanden, Solarenergie und Windkraft werden von der Regierung gefördert.

Südafrika zählt zu jenen Staaten, die 2013 – noch vor Paris – in Berlin den »Club der Energiewende-Staaten« gründeten, dem auch Deutschland, China, Dänemark, Frankreich, Indien, Marokko, Tonga, die Vereinigten Arabischen Emirate, das Vereinigte Königreich sowie die internationale Organisation IRENA angehören. Es bleibt abzuwarten, ob die Energiewende für die Mitglieder mehr als eine Willensbekundung ist: Alle haben sich den internationalen Klimaschutzzielen angeschlossen, doch viele subventionieren nach wie vor fossile Energien.

Doch ein Blick auf die globale Klimapolitik und die Energiewenden in anderen Ländern zeigt, dass die Diskussionen rund um den Energiemarkt sich überall auf dem Globus ähneln: Wie können wir Energie einsparen und effizienter nutzen? Wie gelingt die Liberalisierung der ehemals monopolisierten Märkte, so dass Innovation und fairer Wettbewerb möglich sind? Wie können die Regierungen die Energiewende unterstützen, und welche klimapolitischen Instrumente, welche Gesetze, Subventionen und Förderungen können den Prozess beschleunigen? Wie können die Investitionen fair geschultert, wie die erbitterten Verteilungskämpfe entschärft werden? Welche Entscheidungen müssen wir im Sinne des heutigen Gemeinwohls und der zukünftigen Generationen treffen?

Eine der möglichen Antworten sind Visionen, um den internationalen Austausch von Strom zwischen energiereichen und energiehungrigen Standorten zu fördern, wie zum Beispiel die internationale Initiative DESERTEC. Zwar ist von der anfänglichen Euphorie aufgrund von völlig überzogenen Erwartungen nicht mehr viel übrig, dennoch ist die Idee eines gemeinsamen Projekts nach wie vor interessant. Damit könnte – im Grunde nach dem Prinzip der fossilen Gas- und Ölpipelines – Solarenergie aus der afrikanischen Wüste nach Europa gelangen. Doch bevor Energie exportiert wird, wird es bei derartigen Projekten zunächst erst einmal darum gehen müssen, die Energieversorgung vor Ort sicherzustellen. Von solchen Netzen könnten auch südeuropäische Länder wie Griechenland profitieren, das enormes Potenzial für Sonnen- und Windenergie hat. Doch noch denkt man in Griechenland darüber nach, per Fracking Gas aus dem Mittelmeer zu fördern, statt in die erneuerbare Zukunft zu investieren. Auch Spanien, das die nach deutschem Vorbild eingeführten Förderungen für Photovoltaik 2008 wieder abgeschafft hat, könnte mit solchen Projekten neue Wirtschaftskraft gewinnen.

Anstrengungen zur Förderung der Erneuerbaren werden auch in den osteuropäischen Staaten unternommen. Zwar setzt man bislang weiterhin auf Atomkraft, diskutiert inzwischen aber vermehrt auch erneuerbare Energietechnologien. Rumänien hat sich energiewirtschaftlich nach dem Beitritt zur EU neu aufgestellt und fördert die Erneuerbaren seit 2008. Auch in Tschechien fördert man die Betreiber von Öko-Kraftwerken, doch noch überwiegt die Atomkraft. In Polen wurden die Märkte ebenfalls liberalisiert, und man arbeitet an einer Reform der Energiewirtschaft, setzt aber noch immer stark auf Kohlekraftwerke.

Die arabischen Länder, deren Reichtum auf großen Ölvorkommen beruht, gehören zugleich zu den wichtigsten Vorreitern im Bereich erneuerbare Energien. Man investiert schon heute durchaus viel in neue Energiekonzepte sowie in Energieeffizienz und will in Zukunft vor allem erneuerbare Ressourcen nutzen. Das ist eine ökonomische Entscheidung: Fossile Energien sollen teuer verkauft, die eigene Bevölkerung aber mit günstigem Ökostrom versorgt werden. Selbst Abu Dhabi, dessen Energieerzeugung bislang ausschließlich auf Gas basiert, will bis 2020 7 Prozent seines Energiebedarfs aus erneuerbaren Quellen decken. Angesichts des riesigen Potenzials für Solarkraft ist das wenig, energiepolitisch aber ein wichtiges Signal.

Das Ende des fossilen Zeitalters ist gekommen, so viel steht fest. Die globalen Investitionen in erneuerbare Energien überwiegen seit einigen Jahren die Investitionen in fossile Energien bei weitem. Die Frage ist, wie lange wir angesichts der jüngsten politischen Entwicklungen in Deutschland und der Welt den Abschied von den konventionellen Energieträgern hinauszögern und wie teuer uns und nachfolgende Generationen die aus der Verzögerung resultierenden Schäden zu stehen kommen. Je weniger wir uns damit aufhalten, erneut das »Ob« und nicht das »Wie« zu diskutieren, desto weniger wird uns die bisherige Energiewirtschaft kosten. Je entschlossener wir die Sache angehen, desto weniger Kosten haben wir zu bewältigen. Je schneller wir uns umstellen, desto weniger Anpassungsleistungen werden wir schultern müssen.

Die Energiewende ist eine große Chance für alle – nicht nur für Deutschland. Von einem Alleingang, wie er anfangs befürchtet wurde, kann längst keine Rede mehr sein, weder in der EU noch international.

Allerdings war 2011 noch nicht abzusehen, dass ausgerechnet der Klimapionier Deutschland nicht nur im eigenen Land, sondern auch in Brüssel die erneuerbaren Energien blockieren würde. Die Unterstützung für die fossilen Energien ist in der letzten Legislaturperiode enorm gewachsen, Deutschland wird seine selbst gesteckten Klimaschutzziele so nicht erreichen können. Und das liegt nicht nur an dem fehlenden Kohleausstieg, sondern auch an der fehlenden Verkehrswende. Statt in Brüssel für geringere Emissionsgrenzwerte zu kämpfen, unterstützt die deutsche Politik ausgerechnet Dieselfahrzeuge – dabei wäre der »Dieselgate-Skandal« ein hervorragender Anlass, eine nachhaltige Verkehrswende hin zu umwelt- und klimaschonenden Antriebstechnologien einzuleiten. Nicht Deutschland, wohl aber die deutsche Energiewende ist immer mehr ins Abseits geraten – obwohl sie, wie die globale Energiewende, unausweichlich ist.

III. AUFFORDERUNG ZUM HANDELN: WARUM WIR DIE ENERGIEWENDE JETZT VERTEIDIGEN MÜSSEN

Es ist nicht leicht, der wissenschaftsfeindlichen Propaganda der Energiewende-Gegner zu entgehen. Es ist allerdings auch kein Wunder, dass sie so massiv betrieben wird: Für die fossile Industrie ist es sogar auf den letzten Metern ein unfassbar lukratives Geschäft, die vermeintlichen Fehler der Energiewende anzuprangern – was aufgrund einer viel zu zögerlichen, ja stümperhaften Umsetzung der Energiepolitik ein leichtes Spiel ist. Es lohnt sich für sie sehr, auf die exorbitanten Kosten für die Energiewende zu verweisen, vor teuren Stromrechnungen, vor Energiearmut und Blackouts zu warnen, Szenarien von einem deindustrialisierten Deutschland ohne Energiesicherheit und wirtschaftliche Chancen zu entwerfen und auf den Bestandsschutz zu pochen – auch wenn das alles jeder faktischen Grundlage entbehrt.

Liegen die Interessenverflechtungen hinter all den Warnungen vor den geradezu apokalyptischen Gefahren der Energiewende einmal offen zutage, ist es leicht, das Manöver zu durchschauen und die immer gleichen Muster hinter all den Mythen über die Energiewende wiederzuerkennen.

Doch das ist nur der erste Schritt: Im zweiten Schritt gilt es, den falschen Behauptungen mit sachlichen Argumenten entgegenzutreten.

Denn selbst das lauteste postfaktische Getöse, die schrillsten Fake News können nichts mehr daran ändern: Die Energiewende ist unausweichlich. Das Ende des fossilen Zeitalters und die Dekarbonisierung der Wirtschaft sind nicht mehr aufzuhalten. Genauso wenig wie wir unsere Wohnungen privat noch mit Kohleöfen heizen werden, wird man in einigen Jahrzehnten noch Strom in Kohlekraftwerken erzeugen. Die Kosten für die erneuerbaren Energien werden weiter sinken, die wirtschaftlichen Chancen sind enorm. Die Zukunft gehört den erneuerbaren Energien.

Die alles entscheidende Frage jedoch ist: Wie lange brauchen wir noch, um aus dieser Erkenntnis die Konsequenz zu ziehen und entschlossen zu handeln? Wie lange lassen wir uns auf dem Weg in eine andere Energiezukunft noch von der fossilen Industrie aufhalten? Wie lange hören wir uns die rückwärtsgewandten Argumente der alten Energiewelt noch an? Wie lange noch nehmen wir bei unserer Zukunftsplanung Rücksicht auf die ökonomischen Interessen der Konzerne von gestern? Wie viele Verzögerungen nehmen wir bei der Umstellung unserer Energieversorgung auf erneuerbare Energien in Kauf?

Je länger wir an der alten Energiewelt festhalten, desto teurer wird uns das zu stehen kommen. Denn genau wie jeder Tag, den wir mit der Umsetzung der Energiewende zögern, Gewinne in die Kassen der fossilen Industrien spült, wird uns jeder Tag, den wir ungenutzt verstreichen lassen, ein Vermögen kosten. Je länger wir warten, desto größer werden die Folgekosten unserer bisherigen Energieversorgung, desto höher die Anpassungskosten an den Klimawandel und desto teurer kommt uns die Nutzung der dreckigen fossilen und der riskanten atomaren Energie zu stehen.

Wer seine Energiepolitik an den Interessen der fossilen Industrie ausrichtet und diese über die internationalen Klimaschutzziele stellt, nimmt mehr als kostspielige Umweltschäden und wirtschaftliche Schäden in Kauf. Denn wir steuern damit auch auf globalpolitischen Unfrieden zu. Unsere bisherige Energieversorgung und der energieintensive Lebensstil der Industrieländer gefährden das ohnehin labile globale Gleichgewicht in vielerlei Hinsicht.

ES BESTEHT GLOBALER HANDLUNGSBEDARF

Ähnlich wie bei der Energiewende herrscht im Hinblick auf eine nachhaltige Entwicklung weltweiter Konsens: Im Januar 2017 hat sich die deutsche Bundesregierung den »Sustainable Development Goals« der Vereinten Nationen angeschlossen. Schon lange waren die Ziele für nachhaltige Entwicklung Teil der Agenda 2030, die sich das Bundesministerium für wirtschaftliche Zusammenarbeit und Entwicklung vorgenommen hat. Es sind jene 17 Felder, auf denen die Vereinten Nationen übereinstimmend dringenden Handlungsbedarf auf globaler Ebene sehen. Dazu gehören auch energiepolitische Ziele.

Nummer 7 der 17 Ziele betrifft die erneuerbaren Energien: »Affordable and clean energy« für alle Menschen auf der Welt. Immerhin hat ein Fünftel der Weltbevölkerung keinen Zugang zu Elektrizität, und drei Milliarden Menschen nutzen schmutzige Energien wie Kohle oder Holzkohle zum Heizen und Kochen.

Nummer 13 der 17 nachhaltigen Handlungsfelder setzt sich Maßnahmen zum Klimaschutz zum Ziel: »Climate Action«.

Doch ähnlich wie konkrete Ziele in Sachen Energiewende dürften auch die Nachhaltigkeitsziele auf der internationalen Agenda nur schwer über eine Absichtserklärung hinauskommen: Immer wieder scheinen andere Dinge dringlicher. Auch das Jahr nach der Weltklimakonferenz in Paris und vor der Unterzeichnung des »Paris Agreement« in Marrakesch war ein ereignisreiches Jahr. Die Euphorie über das Ende 2015 beschlossene Klimaschutzabkommen und die zügige Unterzeichnung des Agreements wurde von immer neuen Schreckensnachrichten gedämpft: Quasi täglich standen 2016 andere, dringlichere Probleme auf der Agenda. Für Klimaschutzmaßnahmen schien später immer noch genug Zeit zu sein. Perfekte Voraussetzungen für die fossile Lobbyarbeit, hinter den Kulissen Zeit für sich herauszuschinden.

Wir haben aber keine Zeit. Die Energiewende kann keine Pause vertragen. Kein Jahr und erst recht keine weiteren Jahrzehnte!

Die Vereinten Nationen haben sich in Marrakesch die Dringlichkeit der »Affordable and clean energy« sowie der »Climate Action« noch einmal klar und deutlich auf die Fahnen geschrieben. Beide Vorhaben hängen mit den anderen UN-Nachhaltigkeitszielen zusammen: Alle weiteren der 17 Ziele sind direkt oder indirekt mit den erneuerbaren Energien und dem Klimaschutz verknüpft: keine Armut; keine Hungersnot; eine gute Gesundheitsversorgung; Bildung; Gleichberechtigung; sauberes Wasser und sanitäre Einrichtungen; gute Arbeitsplätze und Wirtschaftswachstum; Industrie, Innovation und Infrastruktur; reduzierte Ungleichheiten; nachhaltige Städte und Gemeinden; verantwortungsvoller Konsum und verantwortungsvolle Produktion; Schutz des Lebens unter Wasser; Schutz des Lebens an Land; Frieden, Gerechtigkeit und starke Institutionen sowie Partnerschaften, um all diese Ziele zu erreichen.

Erneuerbare Energien sind nicht nur in der deutschen Windenergie- und Solarbranche ein Jobmotor: Sie schaffen überall auf der Welt Arbeitsplätze und Wohlstand, sie sorgen für eine gerechtere Verteilung des Wohlstands, mehr Demokratie und mehr Chancengleichheit. Und zwar oft auf ganz simple Weise: Wenn Schulen Elektrizität haben, kann länger unterrichtet werden, und mehr Kinder können ihren Abschluss machen. Hebammen, die elektrisches Licht haben, können ihre Patientinnen sehr viel besser versorgen als mit unters Kinn geklemmten Taschenlampen, deren Batterien kaum eine Geburt lang halten. Frauen, die zu Solarzellentechnikerinnen ausgebildet werden, können Geld verdienen, ihre Familien ernähren und in die Bildung ihrer Kinder investieren.

Die Energiewende sorgt für sozialen Frieden. Der Zugang zu Energie, zu Elektrizität in Schulen und Bibliotheken bedeutet für viele Menschen in Indien oder Afrika zugleich Zugang zu Informationen und Bildung. Fern aller Machtkämpfe und Ideologien geht es in Sachen Energie oft um ganz praktische Alltagsdinge.

Die Energiewende ist nicht *ein Projekt unter vielen*, das wir von Tag zu Tag, von Woche zu Woche verschieben und um das wir uns später immer noch kümmern können. Im Gegenteil: Die Energiewende ist *das eine Projekt*, das nicht den geringsten Aufschub duldet!

ENERGIEWENDE UND DIGITALISIERUNG ZUSAMMENDENKEN!

Nicht nur mit einer dezentralen, partizipativen Energieversorgung tun sich die Vertreter des fossilen Kapitalismus schwer: Auch bei der Digitalisierung können sich längst nicht alle mit dem Fortschritt anfreunden. In der neuen Wirtschaftswelt gelten andere Regeln als früher, als die Maschine und die Elektrizität als industrielle Revolutionen galten. Niemand konnte ahnen, wie sehr die Erfindung des Computers die Wirtschaftswelt verändern würde. Manchen gilt die Energiewende als die nächste Revolution unserer Wirtschaftswelt. Hermann Scheer, Träger des alternativen Nobelpreises und Vorstand des Weltrats für Erneuerbare Energien (WCRE), war fest davon überzeugt, dass wir vor dem größten wirtschaftlichen Strukturwandel seit dem Beginn des Industriezeitalters stehen, vor der Energierevolution als vierter industrieller Revolution. Tatsächlich ist der Energiemarkt Veränderungen unterworfen, die vor einigen Jahren überhaupt noch nicht abzusehen waren. Die Marktstruktur befindet sich im radikalen Wandel: eine Vielzahl kleiner Marktakteure, ein grundlegend neues Strommarktdesign, *prosumer*, das heißt Stromkonsumenten als Stromproduzenten – das alles ist nicht mehr aufzuhalten, nicht einmal mehr durch die Machtkämpfe der fossilen Energiewirtschaft von gestern.

Energiewende und Digitalisierung fußen auf exakt den gleichen Prinzipien von Dezentralisierung und Automatisierung, von Partizipation und Demokratisierung. Wie in fast allen anderen Branchen auch wird es in der Energiewelt viele neue, digitale Geschäftsmodelle geben. Anders gesagt: Digitalisierung und Energiewende passen perfekt zusammen. Vielleicht sind daher *beide* Themen bei Verfechtern des Status quo nicht sonderlich beliebt.

ES GIBT HOFFNUNGSSCHIMMER AM ENERGIEHORIZONT

Anfang 2017 wurden von einem Gericht erstmals Klimaschutzauflagen über wirtschaftliche Interessen gestellt. So wurde der Bau einer weiteren Flugpiste auf dem Flughafen Wien-Schwechat gerichtlich untersagt. Der Flughafen ist ein wichtiges West-Ost-Drehkreuz mit jährlich gut 23 Millionen Fluggästen und einer Steigerungsrate von 5 Prozent pro Jahr. Bürgerinitiativen hatten gegen die Ausbaupläne gekämpft, bis schließlich vom Bundesverwaltungsgerichtshof entschieden wurde, dass angesichts der negativen Folgen des Klimawandels durch erhöhten Treibhausgasausstoß keine dritte Start- und Landebahn genehmigt werden könne. Die Belastung durch das CO_2 sei höher zu werten als die wirtschaftlichen und arbeitsmarktpolitischen Interessen. Das überraschende Urteil ist ein historisches Novum mit Signalwirkung.

Doch nicht nur die Politik, auch die Wirtschaft setzt zunehmend Zeichen. Gerade dort, wo der fossile Lobbyismus die politischen Weichen zurückzustellen versucht, ist der Widerstand zukunftsgewandter Unternehmen groß: Schon kurz nach der Wahl von Donald Trump erklärten 600 amerikanische Unternehmen, dass sie ihre Klimaschutzziele auch unabhängig von der künftigen US-Klimaschutzpolitik erreichen wollten. Und auch einzelne Unternehmer lassen sich in ihrem Engagement nicht beirren: Der ehemalige Goldman-Sachs-Manager und Umweltschützer Tom Steyer will Donald Trumps Klimapolitik sein Milliardenvermögen entgegensetzen. Steyer setzt sich schon seit Jahren finanzstark für erneuerbare Energien und Klimaschutz ein und hat den Wahlkampf von Hillary Clinton unterstützt. Nun will er alles daransetzen, Amerikas rückwärtsgewandten fossilen Energiekurs aufzuhalten.

Nicht einmal Trump und seine Freunde werden die fossile Industrie auf lange Sicht retten können: So hatte der amerikanische Präsident zwar im Wahlkampf angekündigt, Arbeitsplätze in der Kohleindustrie erhalten zu wollen. Doch schon kurz nach Amtsantritt machten ihm die Betreiber des größten Kohlekraftwerks im Westen des Landes, der Navajo Generating Station, einen Strich durch die Rechnung. Das Kraftwerk sei nicht länger rentabel und müsse geschlossen werden, vom Erhalt der Arbeitsplätze war keine Rede mehr. Die Entwicklung entspricht den wirtschaftlichen Realitäten für konventionelle

Kraftwerke – es dürfte nicht die letzte Entscheidung gegen Kohle-Arbeitsplätze gewesen sein, politischer Wille hin oder her. Interessanterweise ist in Trumps »America First Energy Plan« keine Rede von den vielen Arbeitsplätzen in der Solarenergiebranche, einer wachsenden Branche mit immerhin über 260 000 Beschäftigten in den USA.

Ignorieren ist auch keine Lösung, das haben inzwischen selbst die konventionellen Energieunternehmen in Deutschland erkannt – noch während um die alten Pfründe gerungen und an der fossilen Energiewirtschaft verdient wird, was noch zu verdienen ist, passen sich Konzerne wie E.ON, EnBW und RWE der Tatsache an, dass der Markt sich im Sinne der Energiewende weiterentwickelt, hin zu den Erneuerbaren.

So hat sich EnBW seit 2012 eine radikale Neuausrichtung verordnet. Der Kohle- und Atomriese, dessen Gewinne vor 2011 zu 50 Prozent aus vier Atomkraftwerken stammten, steuert radikal in Richtung ökologische Stromerzeugung um: Inzwischen stammen im Energieträger-Mix des Konzerns nach eigener Aussage 48,5 Prozent der Energien aus erneuerbaren Quellen, und man konzentriert sich auf Windparks an Land. Darüber hinaus ist die gesamte Unternehmenskultur im Wandel begriffen: Mit weniger Hierarchien, kleineren Teams und mehr Flexibilität geht man die »Energiewende 2.0« im Unternehmen an.

Um nicht mit Altlasten in die erneuerbare Zukunft zu starten, vermutlich aber vor allem, um später nicht für frühere Fehltritte belangt zu werden, startet man bei der Konkurrenz gleich ganz von vorn und beginnt unter anderem Namen noch einmal neu: Aus Deutschlands zweitgrößtem Energieversorger RWE wird Innogy – was ein bisschen moderner, aber auch ein bisschen so klingt, als würde man »Energy« sächsisch aussprechen. Man habe erkannt, heißt es, dass es billiger sei, einen Windpark zu bauen, als ein Atomkraftwerk. Greenwashing für Fortgeschrittene.

Der Trend ist selbst bei den fossilen Dinosauriern nicht zu übersehen: Während man weiter Gewinne mit den konventionellen Kraftwerken macht und von den Abwrackprämien profitiert, bereitet man sich schon einmal auf den Energiemarkt der Zukunft vor.

ES KOMMT UNERWARTETE VERSTÄRKUNG AUS CHINA

Doch nicht nur wirtschaftliche Realitäten, auch bereits manifeste Umweltschäden werden zum Motor für die Energiewende. Mit den Innovationen geht es besonders dort in Riesenschritten voran, wo der Druck am größten ist: beispielsweise in Ländern, denen im Zuge des Klimawandels zunehmend die Luft zum Atmen und sauberes Wasser aus der Leitung abhandenkommen. Die Energiewende erhält daher in Sachen Klimaschutz unerwartet Unterstützung von einem Bündnispartner, mit dem bisher nicht zu rechnen war: China. Lange Zeit war das Land der böseste Bube unter den Klimawandelverursachern. Doch hat man dort schon jetzt so große Umweltschäden zu bewältigen, dass man einen ehrgeizigen Fünfjahresplan entwickelt hat, der das weltweit größte Investitionsvolumen in Sachen erneuerbare Energien und Elektromobilität vorsieht.

Im Sommer 2016 hatte ich Gelegenheit, mir in China selbst einen Eindruck von der Lage zu machen: Im Smog sah man die eigene Hand vor Augen nicht, Wasser wird immer knapper. Also wird investiert, und zwar strikt nach Vorgabe, in modernere Fahrzeuge ebenso wie in die traditionsreiche Stahlindustrie. So finden die neue und die alte Wirtschaftswelt zusammen. China schaut sich zwar eine Menge von Deutschland ab – gibt sich aber auch sehr selbstbewusst: Man wolle deutlich schneller sein als die Deutschen, die nicht aus den Puschen kommen, heißt es. Der globale Wettlauf um die besten Technologien ist eröffnet – und das ist das Beste, was dem Klimaschutz passieren kann, gerade wenn die Initiative aus jenem Land stammt, das 29 Prozent der weltweiten CO_2-Emissionen verursacht.

DON'T FEED THE TROLLS: LASST DIE LEUGNER NICHT GEWINNEN!

Selbst die erstaunlichsten Beispiele für die Unausweichlichkeit der Energiewende sollten nicht darüber hinwegtäuschen, dass auch hinter der modernsten Klimapolitik der fossilen Industrie handfeste wirtschaftliche Interessen stehen. Mit moralischen Bedenken oder ideologischem Sinneswandel ist nicht zu rechnen. So gesehen ist es zwar ein gutes Zeichen, wenn sich die Konzerne in Sachen Erneuerbare ins Zeug legen. Allerdings bauen sie sich zweite Standbeine für eine ferne Zukunft auf, anstatt den konsequenten und entschlossenen Ausbau der erneuerbaren Energien besser schon heute als morgen zu beginnen. Und wir beobachten derzeit, wie sich die fossile Industrie angesichts ihres eigenen Untergangs noch einmal mit aller Macht aufbäumt – sie wird nicht kampflos aufgeben.

Meinungsfreiheit heißt auch, dass es in einer demokratischen Gesellschaft nicht die eine, die absolute Wahrheit gibt, sondern widerstreitende Positionen, die um einen Konsens ringen. Bislang waren Fakten die gemeinsame Ausgangsposition für eine konstruktive Auseinandersetzung mit den Argumenten der Gegenseite. Wissenschaftliche Belege bildeten die Basis für eine kontroverse Diskussion. Daran haben wir uns orientiert, politische Entscheidungen dadurch begründet, uns auf dieser Grundlage eine eigene Meinung gebildet und unsere Position daran festgemacht.

Die Auseinandersetzung mit Fake News ist nicht mit einer demokratischen Debatte zu verwechseln. Wir sollten also keine Kraft damit verschwenden, immer wieder auf die Ablenkungsmanöver der alten Energiewelt hereinzufallen. Wenn wir uns ständig von all den Fehlinformationen und verdrehten Tatsachen aufhalten lassen, verschwenden wir wertvolle Zeit.

Wer den Klimawandel leugnet, wird nicht über Klimaschutz sprechen. Wer den Handlungsbedarf leugnet, wird nicht über die Ziele, Methoden und Maßnahmen einer Energiewende verhandeln. Und wer sich ablenken lässt, übersieht womöglich das Offensichtliche: Gesetzesnovellen, die die Energiewende noch weiter hinauszögern, Steuergeschenke für die Kohleindustrie, Laufzeitverlängerungen für Atomkraftwerke. Oder sogar gefährliche geopolitische Konflikte im Schatten der Gespensterdebatten.

Die fossilen Lobbyisten werden die Aufmerksamkeit auch weiterhin mit billigen Ablenkungsmanövern sehr erfolgreich auf Nebenschauplätze lenken: Obwohl 2013 weit wichtigere Themen auf die Agenda gehört hätten, geriet die Pkw-Maut im letzten Wahlkampf zu einem der meistdiskutierten Themen. Es grenzte fast schon an Satire, wie die Maut nicht nur von weit wichtigeren Infrastrukturproblemen, sondern von allen möglichen anderen Wahlkampfthemen ablenkte. Was wird im Herbst 2017 Thema sein? Die Schweinefleischpflicht in Schulkantinen? Der vegane Dienstag für ganz Deutschland? Das vegetarische Buffet nach der Bundestagswahl?

Dabei galt und gilt es, ganz andere Herausforderungen zu lösen: Globalisierung. Digitalisierung. Klimaschutz und Energiewende.

Ganz egal, was rund um die Bundestagswahl 2017 Thema sein wird, es gilt, sich zu fokussieren. Ganz egal, was uns die alte Energiewelt weismachen will: Wir müssen geopolitische Konflikte eindämmen und verhindern, die globale Erwärmung begrenzen und die erneuerbaren Energien so schnell wie möglich ausbauen. Ganz egal, welche Ablenkungsmanöver uns erwarten: Die Energiewende steht nicht mehr zur Diskussion; sie muss umgesetzt werden – schnell und konsequent.

Es ist überlebenswichtig, sich nicht beirren zu lassen. Jetzt werden entscheidende Weichenstellungen für die Energieversorgung der nächsten Jahrzehnte vorgenommen: Ab wann werden konventionelle Antriebstechnologien verboten sein, und mit welchen Förderungen ist in Sachen Elektromobilität zu rechnen? Bis wann dekarbonisieren wir unsere Wirtschaft, und welches Datum legen wir für den Kohleausstieg fest? Welche Energieeffizienzmaßnahmen werden ab wann für Wirtschaft und Verbraucher verbindlich sein? Oberstes Ziel aller energiepolitischen Entscheidungen müssen die internationalen Klimaziele sein.

DIE ENERGIEWENDE IST EIN FRIEDENSPROJEKT

Der Klimawandel per se ist ungerecht. Seine größten Verursacher sind die reichsten Profiteure der fossilen Energien, und sie haben am wenigsten mit seinen Folgen zu kämpfen. Die größten Klimaschäden treffen jene, deren Treibhausgasemissionen am allerniedrigsten sind. Hinzu kommt, dass die Emissionen dort zu Buche schlagen, wo produziert wird, nicht dort, wo konsumiert und verbraucht wird. Kritik daran kommt nicht nur von Wissenschaftlern, sozialen oder politischen Aktivisten: Auch dem Papst ist es ein Dorn im Auge, dass die Ärmsten der Welt die Folgen eines Energieverbrauchs tragen müssen, den die wohlhabenden Industrieländer zu verantworten haben und nicht zu ändern bereit sind.

Wir werden nicht einfach weitermachen können wie bisher. So bequem die Vorstellung sein mag, dass sich nichts ändert, wir werden nicht einfach Energiesparbirnen statt Glühlampen verwenden, Teslas statt Benzinern oder Dieselfahrzeugen nutzen und in Energiesparhäusern leben – wir werden uns radikal umstellen und sehr viel Energie sparen müssen. Eine Verkehrswende, so sehr das die Verfechter der Einzelmobilität schmerzen mag, wird nicht ohne Carsharing und ÖPNV auskommen.

Alles hat seinen Preis, davon bin ich überzeugt: Eine Verhaltensänderung der reichen wie der armen Menschen wird ohne wirtschaftlichen Anreiz nicht gelingen. Es ist keine kleine Veränderung, die auf uns zukommt, sondern eine radikale Umwälzung unserer Arbeits-, Wirtschafts- und Lebenswelten und unseres Konsums – mit Verzicht allein werden wir das nicht bewältigen können. Wenn wir es wollen, wird es ein Gewinn für alle sein. Damit das gelingt, brauchen wir keine trägen politischen Prozesse und keine Ablenkungsmanöver der fossilen Industrie. Wir brauchen politische Unabhängigkeit von den Interessen einer rückwärtsgewandten Industrie und technologische und wirtschaftliche Innovationen für die neue Energiewelt.

Ob in den USA oder in Afrika, Indien, China oder Deutschland: Die erneuerbaren Energien und der Klimaschutz sorgen überall auf der Welt für Bildung und Wohlstand. Die Energiewende entschärft geopolitische Konflikte, verhindert Kriege um Ressourcen und ermöglicht medizinische Versorgung. Die Energiewende bietet Menschen, die sonst mangels Perspektive aus ihrer Heimat flüchten müssten, eine Zukunft und eine Existenzgrundlage. Die Energiewende sorgt dafür, dass Strom bezahlbar wird, Kinder einen Schulabschluss und Frauen eine Ausbildung machen können. Kurz: Die Energiewende ist die wichtigste Antwort auf die in aller Welt schwelenden Konflikte, den Terror, die Angst und die Armut.

Wir werden weitere Finanzkrisen, Konflikte und Kriege in der Welt erleben, wir werden erschüttert sein, und unsere Timelines und Tagesordnungen werden darum kreisen. Wir werden so lange davon vereinnahmt sein, bis die Krise überstanden und der Krieg zu Ende ist. Die Energiekrise hingegen und der Klimawandel werden kein Ende finden, sie werden uns immer beschäftigen – die Frage ist, in welchem Ausmaß sie unser aller Lebensumgebung beeinflussen werden und wie groß die Ströme an Klimaflüchtlingen sein werden, die uns erreichen, weil ihr Lebensraum durch die globale Erwärmung unwiederbringlich zerstört ist.

Es wäre fatal, den Ausgang des Friedensprojekts Energiewende von den Interessen der fossilen Energiewelt abhängig zu machen. Es wäre fatal, den Kampf um die wirtschaftlichen Vorteile einer dem Untergang geweihten Industrie in einen Krieg um mangelnde Ressourcen und energiepolitische Abhängigkeiten münden zu lassen. In die Energiewende zu investieren heißt auch, in globale Gerechtigkeit zu investieren. Anders als viele befürchten, werden Grundrechte nicht weniger, wenn alle sie teilen. Das Einzige, was weniger werden könnte, sind die Privilegien Einzelner.

IV. HANDLUNGSKATALOG: WAS JETZT ZU TUN IST

Klima- und energiebewusste Bürgerinnen und Bürger und Verbraucherinnen und Verbraucher können und sollten jetzt dringend

- genau hinschauen, um Wissenschaft und Propaganda voneinander zu unterscheiden: sich informieren. Dinge hinterfragen. Quellen prüfen. Wissenschaftlich fundierte Argumente sammeln und weitertragen.

- Populismus mit sachlichen und ausgewogenen Argumenten begegnen.

- zeitfressende Debatten vermeiden, sobald klar wird, dass die Gegenseite nicht auf rationalem Boden argumentiert und nicht dorthin zurückkehren wird.

- sich der Konsequenzen des eigenen Tuns und Nichttuns bewusst werden, ob es um den Umgang mit Energie, eine klimaschonende Lebensweise oder um das politische Engagement geht.

- die Meinung sagen. Überzeugungen verteidigen. Sichtbar werden.

- klima- und energiepolitische Petitionen unterschreiben.

- Ablenkungsmanöver im Wahlkampf durchschauen und zur Bundestagswahl gehen.

- nicht länger zugucken, sondern selbst aktiv werden. Auf die Straße gehen. Demonstrieren. Mitglied in einer Partei werden und sich für eine dezentrale, intelligente Energiewende engagieren. Sich nicht von Lobbyisten beirren lassen.

- sachliche wissenschaftliche Informationen an Freunde, Verwandte und Kollegen weitergeben.

- die eigenen Privilegien hinterfragen.

- Ökostrom beziehen. Am besten von einem echten Ökostromanbieter, der ausschließlich Strom aus erneuerbaren Quellen anbietet. Oft ist das billiger als der Grundstromtarif, den viele

Verbraucher nutzen, die noch nie den Stromanbieter gewechselt haben.

▶ Energie sparen. Das Zuhause energieeffizient gestalten und bis zu 1000 Euro im Jahr sparen.

▶ Mitglied in einem Bürgerwindpark oder einer Energiegenossenschaft werden. Die eigenen Depots dekarbonisieren und prüfen, was die Rentenversicherung mit dem eigenen Geld anstellt.

▶ zum Stromproduzenten werden. Eine Solaranlage auf dem Dach oder Balkon betreiben oder ein Blockheizkraftwerk im Keller.

▶ eine nachhaltige Verkehrswende unterstützen. Das eigene Auto stehen lassen, abschaffen oder Carsharing betreiben. Öffentliche Verkehrsmittel, Fahrrad oder Bahn nutzen. Wenn es nicht anders geht, beim nächsten Autokauf ein klimaschonendes Fahrzeug oder E-Auto anschaffen.

▶ nur fliegen, wenn es nicht anders geht. Die Emissionen für Flüge ausgleichen.

▶ regionale Produkte und saisonale Lebensmittel kaufen. Die Ernährung sollte weder Umwelt noch Klima schädigen. Mehr Gemüse essen.

Klima- und energiebewusste Beschäftigte in der Erneuerbare-Energien-Branche oder anderen Energiewende-Branchen können und sollten jetzt dringend

▶ die positive Wirkung der Energiewende kommunizieren und für die Energiewende werben.

▶ sich in einer Gewerkschaft oder einer Partei engagieren.

▶ eine eigene politische Lobby bilden.

▶ für ihre Interessen kämpfen.

▶ als wachsende Berufsgruppe sichtbar werden.

Klima- und energiebewusste Wissenschaftlerinnen und Wissenschaftler können und sollten jetzt dringend

- den Elfenbeinturm verlassen und wissenschaftliche Fakten einer breiten Öffentlichkeit verständlich machen.

- in persönliche Gespräche gehen, aber auch in die Medien und in populäre Veranstaltungsformate.

- sich nicht auf Schaukämpfe einlassen, sondern echte Fragen stellen und echte Antworten geben.

- den Diskurs nicht nur den Medienmachern und selbst ernannten Experten überlassen.

Klima- und energiebewusste Unternehmerinnen und Unternehmer können und sollten jetzt dringend

- das Unternehmen konsequent auf Nachhaltigkeit ausrichten.

- in Energieeffizienz- und Nachhaltigkeitsmaßnahmen investieren.

- den Mitarbeitern helfen, Energie zu sparen.

- das Energiesparen belohnen.

- gegen die Privilegien von Unternehmen protestieren, die in fossile Energien investieren oder diese nutzen.

- die eigenen Privilegien hinterfragen.

- die wirtschaftliche Macht und die eigenen Gestaltungsmöglichkeiten nutzen.

- soziales Engagement für Klimaschutz unterstützen.

- Finanzpartner überprüfen und Bankgeschäfte dekarbonisieren.

Klima- und energiebewusste Politikerinnen und Politiker können und sollten jetzt dringend

▶ sich nicht von rückwärtsgewandten Lobbyisten beirren lassen.

▶ für energiepolitischen Konsens auf lokaler, überregionaler wie globaler Ebene streiten.

▶ die Wissenschaft verteidigen und unterstützen.

▶ die politische Macht und die Gestaltungsmöglichkeiten nutzen.

▶ rausgehen, zuhören und fordern. Eine offene Debattenkultur pflegen, Belege einfordern und nicht per Anbiederung auf Stimmenfang gehen.

▶ finanzielle Anreize schaffen, damit Klimaschutz für Verbraucher und die Wirtschaft attraktiv ist.

▶ das EEG und den Emissionshandel retten.

▶ Stromkunden entlasten. Regelungen schaffen, damit die niedrigen Börsenstrompreise an die Verbraucher weitergegeben werden.

▶ die Börsenstrompreise stabilisieren und einen überdimensionierten Netzausbau verhindern.

▶ den Kohleausstieg konsequent vorantreiben. Rahmenbedingungen für einen konsequenten Kohleausstieg schaffen.

▶ einen Mindestpreis für CO_2 festlegen, der klimapolitische Wirkung hat.

▶ klare Entscheidungen treffen und dabei bleiben. Unternehmen einen konsequenten Klimakurs vorgeben. Unternehmen für Investitionen in den Klimaschutz belohnen.

▶ Energieeffizienzmaßnahmen und Klimaschutz aller Art belohnen.

▶ auf Abwrackprämien für alte Kraftwerke verzichten.

▶ für eine nachhaltige Verkehrswende und Elektromobilität kämpfen.

▶ bei einem klaren Energiewende-Kurs bleiben. Keine Rückschritte erlauben, keine Privilegien für die fossile Energiewelt verteilen.

▶ den Ausbau der erneuerbaren Energien so sehr vorantreiben, dass konventionelle Kraftwerke überflüssig werden!

DANK

Zuallererst möchte ich meinem Team am Deutschen Institut für Wirtschaftsforschung (DIW) für die unermüdliche Forschung und hervorragende wissenschaftliche Arbeit danken. Besonders danke ich meinen Kolleginnen und Kollegen der Abteilung »Energie, Verkehr und Umwelt« und dem gesamten Cluster »Nachhaltigkeit«. Mein Dank geht ferner an meine Kolleginnen und Kollegen in aller Welt, vor allem aber in den USA, die sich auch unter widrigsten Bedingungen nicht entmutigen lassen, mit großem Engagement und persönlichem Einsatz die wissenschaftlichen Fakten zu verteidigen und für die Freiheit der Forschung zu kämpfen.

Mein Dank gilt außerdem dem Murmann Verlag, der von Anfang an engagiert hinter der Idee zu diesem Buch gestanden und es mit Rat und Tat in kürzester Zeit ermöglicht hat. Ich danke außerdem Claudia Cornelsen und Christine Gräbe für ihre Unterstützung bei der Arbeit am Manuskript. Wie hinter jedem meiner Bücher steht auch hinter diesem ein nachsichtiger Mann: Ich danke meinem Mann Jürgen, der sofort verstanden hat, wie sehr und wie dringend es mir ein Anliegen ist, mit diesem Buch einen Beitrag zur Versachlichung der aktuellen Debatte zu leisten, und der mich bedingungslos unterstützt hat.